辅导员工作实践与探索

张　元　王　杰　周思远◎著

北京燕山出版社
BEIJING YANSHAN PRESS

图书在版编目（CIP）数据

辅导员工作实践与探索 / 张元，王杰，周思远著
. —北京 ： 北京燕山出版社，2024.5
ISBN 978-7-5402-7255-5

Ⅰ．①辅… Ⅱ．①张… ②王… ③周… Ⅲ．①高等学
校－辅导员－工作－研究 Ⅳ．①G645.1

中国国家版本馆 CIP 数据核字(2024)第 065262 号

辅导员工作实践与探索

作　　者	张 元　王 杰　周思远	
责任编辑	李 涛	
出版发行	北京燕山出版社有限公司	
社　　址	北京市西城区椿树街道琉璃厂西街20号	
电　　话	010-65240430	
邮　　编	100052	
印　　刷	北京四海锦诚印刷技术有限公司	
开　　本	787mm×1092mm　1/16	
字　　数	219千字	
印　　张	11.25	
版　　次	2025 年 1 月第 1 版	
印　　次	2025 年 1 月第 1 次印刷	
定　　价	78.00 元	

作者简介

张元，男，蒙古族，硕士研究生，内蒙古喀喇沁旗人，1985年11月生。2014年7月参加工作，现就职于延安大学政法与公共管理学院，省级十佳辅导员（提名奖），讲师，2009年6月加入中国共产党，法学硕士学位。

王杰，出生于1996年5月，籍贯为重庆渝北，本科学历，讲师职称。毕业于中国劳动关系学院，现就职于重庆对外经贸学院，主要研究方向为大学生思想政治教育。曾获重庆市大学生就业工作先进个人称号。

周思远，女，1992年生，籍贯山西太原。毕业于北京师范大学心理学部，现为山西大学教育科学学院辅导员，讲师，院团委副书记。研究领域为大学生思想政治教育，主持思想政治教育类省级（山西）课题两项。

前 言

辅导员工作是一项颇具系统性的工作，涵盖了大学生的思想政治教育、大学生的日常行为管理、大学生心理健康教育、大学生校园文化活动、大学生就业创业等方面。辅导员工作是高等学校从事德育工作，开展大学生思想政治教育的骨干力量，是大学生健康成长的指导者和引路人。增强学生政治素养，提高学生综合素质，培养合格人才，构建和谐校园离不开辅导员工作。培养一支专业化的辅导员队伍是高校内涵发展的要求，有必要对辅导员工作进行深入研究。在实际工作过程中，高校辅导员的能力得到了锻炼培养，也获得许多发展机遇，但也面临着种种挑战，对于这些问题的探讨，必将有助于高校辅导员工作的进步和发展。

本书是高校辅导员工作方面的著作，主要从高校辅导员工作的相关概念、岗位职责与特征入手，针对高校辅导员在心理健康教育工作、日常生活管理工作方面及大学生职业价值观和就业指导进行了分析和研究；另外对高校辅导员的职业能力素养的提升和培养及高校辅导员在工作中的模式创新提出了一些建议。本书构思新颖、逻辑严谨，将理论与实践紧密结合，对于高校辅导员的自身职业能力提升和工作模式上的创新有很大帮助，对高校辅导员工作的研究创新有一定的借鉴作用。

本书参考了大量的相关文献资料，借鉴、引用了诸多专家、学者和教师的研究成果，其主要来源已在参考文献中列出，如有个别遗漏，恳请作者谅解并及时和我们联系。本书写作得到很多专家学者的支持和帮助，在此深表谢意。由于能力有限，时间仓促，虽极力丰富本书内容，力求著作的完美无瑕，虽经多次修改，仍难免有不妥与遗漏之处，恳请专家和读者指正。

目 录

第一章　高校辅导员工作

第一节　高校辅导员工作概述

一、高校辅导员工作的创新探索

（一）辅导员工作创新的重要意义

国家的发展离不开创新，而创新的维度包含理论创新、科技创新、人才创新等方面。高校人才创新也需要高校辅导员来支撑，他们在塑造和规范大学生思想行为方面担负着重要责任，大学生的健康成长离不开他们。辅导员工作创新，要求其在教育教学方面有所创新，在原有的知识体系和理论基础上不断改善和完善自己的理论知识。加强创新，增加新的元素，添加新的内容，让辅导员的工作随着时代的发展而不断进步，跟随时代的步伐而追求创新。开展辅导员工作创新，有助于更好地满足社会对建设人才的需求，有助于提高辅导员自身的综合素质，也有助于指导大学生走好未来人生之路。

（二）辅导员创新工作的新要求

1. 提高热情，强化责任

辅导员工作所处理的事情比较烦琐，这就需要辅导员在接任工作时必须充满热情和激情，同时不断增强工作责任心。辅导员工作主要是为学生服务，要承担起对学生的一份社会责任，做到一切为了学生，为了学生的一切。只有将自己和工作融为一体，才能得到学生的信赖和认可，才会更加胜任辅导员工作。

2. 提高自身素养

首先，辅导员需要拥有良好的思想政治素质，这是一名辅导员的必备条件。正所谓"先育己，再育人"，辅导员是教育大学生的品德示范者，是指导和帮助学生形成高尚的情操、崇高的理想和健全的人格的引领者。辅导员必须拥有过硬的自身素质，不断体会新时代中国特色社会主义思想的深刻内涵，拥有科学正确的人生观、价值观和世界观。辅导员只有自身具备素质过硬，才能够投身到培育社会主义接班人任务中；只有自身掌握过硬的政治素质，才能够在实际生活中抓住事物的本质，处理好大学生日常生活中的烦琐杂事。其次，辅导员还要具备丰富的专业基础知识，比如心理学、教育学、职业规划等知识。要能够做到与学生有效沟通，了解他们的思想状况，用自己的专业知识去指导教育学生，帮助他们成长进步。辅导员还应将思想道德素质和专业理论知识付诸实践，成为学生的榜样。

（三）改革创新的精神与辅导员工作

以改革的精神深化高校辅导员工作，前期得正确测评辅导员工作的状况，肯定成绩，找出差距，推动建设，增进工作质量。

1. 准确了解高校辅导员工作的基本状况

在党中央统率下，高校辅导员工作在一直不间断地发展。面对世界局势的变化，所有辅导员都有不可动摇的社会主义信念，明确且相信国家领导人建设中国特色社会主义理论与党的路线的正确性，对改革开放发展予以重视。

他们通过思想政治工作与管理工作，确保了党的教育方针的全面落实，他们在转变大学生思想，引导与帮助他们形成与确立科学的世界观、人生观、价值观的阶段中充分发挥主动性，并取得了很好的成果。

2. 构筑与健全规章制度，科学规范辅导员工作

科学的规章制度是有效开展高校辅导员工作的第一前提与本质保证。每个高校都按照本校辅导员工作的实际状况，一方面建制立章，另一方面修订辅导员制度，形成了涵盖岗位职责、人员激励、工作交流与考评等在内的制度化的工作要求与管理。

3. 促使高校辅导员工作素养增进

高校辅导员作为学生思想政治教育的骨干力量，其工作素养的全面提升对于学生个人成长、校园文化建设以及社会主义核心价值观的培育具有深远影响。为适应新时代高等教育的发展需求，辅导员需不断加强政治理论学习，提高职业素养和专业技能，通过参与系统的培训和实践锻炼，增强心理辅导、危机干预和法律指导等方面的能力。同时，辅导员应积极利用现代信息技术，创新工作方法，提升服务学生的效率和质量。

二、以"课程化"为标志的新时代高校辅导员工作

21 世纪以来，国内环境及国外环境都发生了深刻的变化，无论是大学生的思想观念，

还是道德价值取向都深受环境的影响，在发生质变的过程中还衍生出许多新的问题，可见21世纪的社会环境与状况向高校思想政治教育工作发展提出了更高的要求。

对高校辅导员工作课程化而言，其在东西方都是新生事物，不仅尚无可以拿来借鉴的丰富经验，而且也没有具体、专门的论述，因此，高校辅导员工作课程化就是辅导员工作发展的最新产物。

（一）课程化的概念界定

在英语中，课程（curriculum）一词来自拉丁语，人们往往将其理解为"学习的进程""学习的路线"，也就是"学程"。课程是指所有学科（教学科目）的总和以及学生在教师指导下各种活动的总和，这通常被称为广义的课程；狭义的课程则是指一门学科和一类活动。

（二）高校辅导员工作课程化教学模式的教学实例

1. 贯彻课程化教学原则

（1）以人为本的原则

大学生是课程化模式中的主体，而辅导员则是课程化模式中的评价的对象。在课程化模式中，其核心为大学生与辅导员双方的全面发展。在这里大学生与辅导员双方的全面发展是指大学生与辅导员在各方面的需要都可以得到满足，同时两者的素质可以进一步得到提高，潜力也可以被充分挖掘出来等。由此可见，大学生与辅导员的全面发展在本质上是多方面、多层次的，对高校辅导员工作课程化而言，无论是出发点还是归宿，终究要落在人身上。高校辅导员工作课程化的重点就是为大学生和辅导员的全面发展创造有利的条件、完善的结构、通畅的机制以及良好的发展环境。在发展课程化教学的时候，应该将以大学生与辅导员发展为本的重要原则进行充分的体现。

（2）导向性原则

导向性原则也是高校辅导员工作课程化教学所应该体现的基本原则之一，这是由于辅导员工作课程化必须经过评价这个过程，而评价需要秉持客观原则，将辅导员的工作积极性充分地调动起来，进而形成一定的激励效应。想要达到激励效应需要将定量与定性进行结合并以此作为基本导向，从而建立起具有如下特征的课程评价指标体系及标准，即科学、适用及规范性；与此同时，积极、全面地收集来自不同方面的信息，开展多层次、多渠道、全方位的评价活动，避免主观臆断的出现。只有站在客观的立场，以公平的态度、合理的方法来评价，才能起到充分调动辅导员教学积极性的作用。

（3）可比性原则

对高校辅导员工作课程化教学来说，可比性原则也是必须遵守的基本原则，具体如下：①根据辅导员工作的基本特点及具体的工作要求来制定课程评价指标，从而让教学在时间或空间范围上都可以体现可比性；②在工作质量方面也应该体现可比性，从而直接打破以往定性指标多，定量考评缺乏的局面。把定性的指标进行定量研究，尽可能地避免评价主体在考评过程中过度主观，防止如下现象的出现：因为感觉评价，导致首因效应、近因效应和晕轮效应的出现。

2. 把握课程化教学特点

（1）发展性

实践—认识—再实践—再认识，这是先进认识论的基本原理。高校辅导员工作课程化教学是新生事物，需要遵循先进认识论的基本原理，需要反复实践，不断认识，不断发展。

推出高校辅导员工作课程化模式，实现辅导员教学科学化、规范化、制度化，很多问题需要在发展中解决，最终才能有助于辅导员队伍的进一步建设。

（2）科学性

积极开展与深化高校辅导员工作课程化模式，应该通过课程的形式来将高校辅导员的日常工作的具体内容进行详细的制定与规划，并且积极采用之前所规定的确切的教学标准来监督及要求辅导员在日常教学工作的一切行为，通过合理、科学的方式来评断辅导员开展工作后的实际效果，同时监督辅导员在工作中积极、全面地履行高尚的教师角色，上述内容的落实就是我国辅导员队伍建设在内容方面的创新。

从某种程度上来说，辅导员的工作过程等同于教学过程，其实这也从理论层面上将辅导员没有具体的上课时间的问题予以解决，并且将辅导员履行自身教师岗位职责切实地落到实处，由此可见，高校辅导员工作课程化模式的重要性以及科学性。

（3）普适性

高校辅导员工作课程化模式具有普遍适用性，主要在于它是高校辅导员工作方式、工作途径的创新，适用于不同层次学校辅导员的需要，无论是高职高专学校的辅导员，还是本科院校的辅导员都可借鉴。

同时，各个学校还可根据本校实际情况，对课程体系进行整合。即使原封不动地复制，也可起到事半功倍的效果。从国内推行辅导员工作课程化模式协作学校的应用效果看，辅导员工作课程化模式的普适性很强。

3. 清楚课程化教学意义

（1）明确辅导员自身定位的需要

辅导员具有教师和管理人员双重身份。从相关规定，可知教育部对辅导员的角色和工作定位进行了明确的规定。时至今日，纵观国内各大高校辅导员队伍的建设现状，见到的是不同程度的角色不清、定位不准的现象。

在多数高校中，辅导员就是"边缘人"。"边缘人"受到来自学校与院系两个级别的领导，需要按时完成学校各级党政管理职能部门布置的工作及本院系布置的各项事务，从这个现象，可以看到高校辅导已经化身为学生的"保姆"、校职能部门的"勤务兵"、院系的"办事员"，是"万金油"式的管理人员。另外，辅导员无法像专业任课教师一样对自己的工作有理想的价值归宿。如今，高校辅导员依旧面临出路窄、待遇差、地位低的难题。

除此之外，辅导员承担了教师与管理者两个岗位的工作，需要承担"教书育人，管理育人，服务育人"等工作职责，但因为辅导员每天都将精力花在了"管理者"这个岗位上，而无法分出精力给教师所需要做的工作，即教书育人，上述内容已经变为阻碍辅导员队伍积极发展的突出问题。

而规划、开展辅导员工作课程化教学，应该将辅导员日常所做的具体工作通过课程的形式来完成整合，充分利用课程和教分，与考核专业课教师一样来对辅导员的日常工作进行考核。如此一来，辅导员所承担的双重身份（教师与管理人员）就可以达到强化，从而进一步加强学校职能部门和院系组织对辅导员工作的"双重领导"，实现辅导员教师、管理人员"双重待遇"，以便全员、全程、全方位育人格局的构建。

（2）具体落实新课程观的需要

21世纪，随着教育领域的不断发展，课程改革日益深入，课程理念的创新与发展，课程即学科的传统课程观早已被突破。新时期的课程观认为，课程即知识，课程即经验，课程即学校有组织、有计划的所有教育、教学活动。如今，我国各大高校积极开展的课程改革进一步展现了以学生发展为主的教育教学的发展趋势，同时也展现出综合化、社会化、生活化的发展新特征。

为了与课程改革和发展的趋势相符合，高校辅导员工作进行课程化改革也深化了对课程观的新认识，并将辅导员日常需要做的具体工作，根据课程理念进行整合，使之成为领域广泛、复合交叉、点面结合的若干模块课程以及稳定且方便落实、开展的课程。

（3）高校辅导员职业化、专业化建设的需要

社会职业有一条铁的定律，即只有专业化，才有社会地位，才能受到社会的尊敬。如果一个职业是人人都可以担任的，则在社会上是没有地位的。而职业化、专业化具有如下含义：

①指一个普通的群体通过自身的努力，逐渐走向成熟，并且符合职业标准，成为专门

职业并获得相应专业地位的过程。

②该群体从业的重要依据为一个职业群体的专业性质和发展状态处于应有的水平，具备一套完善的专门知识和技能体系。

③具备一定的社会声望及经济地位。对辅导员职业而言，这指的就是辅导员队伍在发展过程中将专业素质提高到一定水平，并产生了鲜明的专业标准，具有稳定的专业地位的具体过程。

伴随高等教育改革的深化，高校辅导员队伍建设的职业化、专业化的道路也走向明朗。但毋庸置疑的是，目前我国高校辅导员队伍依旧没有完全展现职业化与专业化，也就是说，高校辅导员队伍始终处于有职业，无专业，传承师徒式；缺大师，少成果，工作事务性；有功劳，无成就，地位边缘化；有队伍，不稳定，发展离散型的状态。归根结底，辅导员专业化知识体系和专业化课程体系滞后才是问题的关键。

站在职业发展的角度分析，实现辅导员队伍专业化的基础正是辅导员工作职业化。如果辅导员职业想要变为可以长期从事的稳定职业，就需要创造条件，让辅导员能够通过工作获得一定的成就感及事业感，并自觉地将其视作奋斗一生的伟大事业。而辅导员工作课程化恰好迎合了辅导员职业发展的需要，即得到职业声望、专业地位。由此可见，辅导员工作课程化是辅导员踏实做好本职工作的基础条件，课程化便是高校辅导员职业化、专业化发展的根本需要。

（4）增强大学生思想政治教育工作实效性的需要

大学生思想政治教育是大学育人的重要环节，它既包括大学生思想道德发展，又涵盖大学生学习、身心、生活发展，涉及多个专业领域。我国高等教育的迅速发展对高校思想政治工作提出的新要求，也使高校辅导员面临新挑战。但是，目前高校辅导员队伍客观上存在的种种问题，严重影响了大学生思想政治工作的实践效果。

由于队伍的非专业性，很难保证工作的规范性与有效性；由于角色的不确定性，学生思想政治工作不到位现象时有发生；由于队伍的不稳定性，严重影响高校的思想政治工作水平的提高。

上述现象导致大学生思想政治教育工作实效性大打折扣，可见进行辅导员工作课程化建设，借助课程和教材，像考核专业课教师那样来考核辅导员的具体工作，有利于提高辅导员队伍职业地位和整体素质，有利于形成思想政治教育的长效机制，有利于增强思想政治工作的实效性。

第二节 高校辅导员岗位职责

一、高校辅导员工作职责课程化的主要内容

（一）思想理论教育和价值引领

引导学生深入学习国家的新思维和治国策略，深入开展中国特色社会主义和中国梦的宣传教育及社会主义核心价值观教育，帮助学生不断加强中国特色社会主义理论素养。帮助学生始终坚定中国特色社会主义的道路自信、理论自信、制度自信、文化自信。牢固树立正确的世界观、人生观和价值观。

（二）党团和班级建设

开展学生骨干的选拔、培养和激励工作，开展学生党员教育活动和入党积极分子的培养工作，开展学生党员的发展和教育管理服务工作，指导学生党支部和班级组织建设。

（三）学风建设

熟悉学生专业基础知识，不断激发学生学习兴趣，促进学生良好学习习惯的养成，熟练掌握正确的学习方法。开展课外科技学术实践研究，创造良好的学习氛围。

（四）学生日常事务管理

开展招生教育、研究生教育及相关管理服务工作。组织实施学生军训。组织评选各种奖项和奖学金。指导学生申请助学贷款。为学生提供生活指导，促进学生之间的和谐相处。

（五）心理健康教育与咨询工作

积极配合学校心理健康机构开展心理健康教育，对学生心理健康问题进行初步调查和指导，做好学生思想工作。培养学生理性、乐观、健康的状态。

（六）网络思想政治教育

运用新媒体技术进行思想政治工作的推进。不断加强学生网络素养教育，引导学生创

作网络文化作品并积极传播正能量，探索发展新的工作路径。运用新媒体引导学生思想、指导学习、引导生活以及心理咨询等。

（七）校园危机事件应对

组织基础安全教育。参与学校、院（系）危机事件预防措施的策划和实施。对校园危机事件进行初步处理，稳定局势，控制事态发展，及时掌握危机事件信息，并按程序进行汇报。参与危机后的处理和分析。

（八）职业规划与就业创业指导

帮助学生树立正确的就业方向，引导学生走向基层，并为学生提供职业生涯规划、就业指导等服务，为祖国的建设做努力。

（九）理论实践研究

学习思想政治教育的基本理论和相关学科知识，参加相关学科的学术交流活动，参与校内外思想政治教育的学习。

二、高校辅导员工作职责课程化的具体范围

（一）高校辅导员课程化地对学生开展多方面的发展辅导

1. 辅导员课程化的进行关乎学生的全面发展

教育学生始终坚持社会主义核心价值观，培养生热爱党、热爱祖国、热爱人民的品质，逐步树立中国特色社会主义理想信念和正确的世界观、人生观、价值观。坚持以改革创新为动力，遵循教育、教学、人才发展的规律，贴近学生的学习和生活，根据不同学生的特点创新不同的方法，挖掘每一个学生的无限潜能，全面提高学生综合素质，促进学生全面发展。要按照社会主义培养新一代人才的要求，开展体验式教育，通过精心的设计和组织，开展主题鲜明、内容新颖、形式新颖、吸引力强的教育活动，提高学生的社会责任感、创新精神和实践能力。

2. 辅导员课程化的进行关乎学生的个性发展

高校学生在需求、生活习惯、性格、能力、兴趣、价值观念等方面形成稳定的心理特征，就是所谓的个性发展。高校辅导员应该遵循"保持个性，彰显本色"的原则，把每个

大学生的个性发展重视起来，使学生的个性得到充分的展示。要发展学生的个性，首先要承认学生的个性都是不一样的，都是有差异的。针对不同的学生的个性区别对待，不能用一种方法来发展所有学生的个性，要用不同的方法对待不同学生的个性。发展学生的特长，特别是有特殊的技能和特长的大学生，更应该想尽一切办法，创造一切条件，搭建适合的平台，使那些有着特殊技能的学生的特长得到充分的发展。针对"保持个性、彰显本色"这一问题，辅导员要引导学生正确处理全面发展与个性发展的关系和正确处理个人、集体、社会的关系。对于全面发展与个性发展的关系：全面支持学生的个性发展并不意味着放弃学生的全面发展。个人、集体、社会的关系：积极地引导高校学生能够与其他人很好地相处，能够很好地融入集体和社会中去。

3. 辅导员课程化的进行关乎学生的可持续发展

高校学生作为一个个体在学生涯以及毕业以后走向社会漫长的职业生涯中是不断发展的，其目的是使学生的个体素质得到不断完善。这就是所谓的可持续发展。高校辅导员要积极引导学生树立可持续发展的理念，把职业生涯规划与发展作为着手点，协助学生制订科学合理的人生规划。把学生可持续发展的能力作为重点，把第二课堂的作用充分发挥出来，培养大学生的创新、实践及社会适应能力。只有不断进行挫折教育和心理健康教育，才能培养出大学生健康的心理和健全的人格，养成大学生顽强的意志和百折不挠的精神。

(二) 高校辅导员课程化地对学生进行有效的生活指导

1. 辅导员课程化地对学生开展权益和安全教育

权益指的是在校大学生理应享受到的权益；安全是指大学生自身及其他人的人身安全。

(1) 权益

权益是一种受法律保护的权利和利益。大学生在上大学的过程中应享有的权利，就是所谓的大学生权益。大学生的主要权益有七种，分别是使用权、知情权、选择权、监督权、奖贷权、就业权、申诉权。

使用权是指大学生在受教育的过程中使用学校的教室、教学设施、教学设备，图书馆的电脑、图书、报刊等权利。

知情权是指大学生对学校的前身及以后的发展、学校的师资力量、在校生人数、自己所在专业的发展方向等情况都有知悉的权利。

选择权是指按照学校招生简章和学校相关规定，大学生可以任意选择自己喜欢的专业、任意选择自己喜欢的课程等权利。

监督权是指大学生对学校教师的教学质量、对学生的负责任的程度等情况进行监督的权利。

奖贷权是指大学生符合国家规定而获得奖学金、助学金等的权利。

就业权是指修完学业、修满学分，不违反学校规章制度，允许毕业，应当享有大学生该有的就业权利。

申诉权是指因违反学校规章制度，对学校给予的处分有异议，可以向学校提出申诉，这是每个犯过错误的大学生该享有的权利。

为了让大学生能够正确认识权益和使用权益，高校辅导员应该让大学生意识到：权益和义务是相对应的；必须在社会和所在学校的制约下才可以享受权益；当权益与义务冲突时，权益的享受是相对的。

（2）安全

通过安全教育课让大学生意识到"安全"的重要性。让学生掌握一些基本的安全常识和基本的防身技能，在关键时刻起到拯救自己以及拯救他人的作用。让学生了解基本的法律常识，帮助学生在面临突发事件时可以临危不惧，以正确的心态去应对突发事件，以减少对自身或他人的伤害。

2. 辅导员课程化地对学生进行关于合理的消费与正确的理财的教育

合理的消费与正确的理财对大学生健康的成长起着至关重要的作用。因此，辅导员的工作重点是帮助大学生进行合理的消费和正确的理财使其健康成长。

（1）合理的消费

大学生的消费心理及消费观念随着社会经济的发展和所处的社会环境的变化而不断变化。尽管大部分的大学生的消费心理及消费观念都是合情合理的，但仍存在一部分的大学生为了满足其"好面子"的虚荣心、攀比的心理、炫富的心理、提前消费的心理而进行一些不合理的消费行为。因此为了杜绝上述那些不合理消费行为的发生，辅导员应帮助学生树立正确的消费观。到底怎样帮助学生树立正确的消费观呢？要从以下几方面做起：①加强在校大学生关于消费心理的教育，使他们拥有健康的消费心理。②对大学生进行合理引导，帮助他们制定合理的、适合他们自身的消费原则。③通过相关的教育，引导大学生树立正确的消费观，帮助大学生进行合理的消费。

（2）正确的理财

对于大学生扣除本月的基本生活消费以后所剩余的钱该怎样处理呢？有的大学生进行过度的消费，把这一学期家里父母给的生活费在本月一下子挥霍完，造成了后面的几个月基本没有生活费。为了防止上述现象的发生，辅导员应引导大学生树立正确的理财观念，帮助大学生正确理财。在校大学生一般的理财方式是把钱存进银行。

3. 辅导员课程化地对学生进行关于学会独立与融入社会的教育

（1）学会独立

当大学生踏入社会时，社会不会像父母和教师一样处处包容着他们。踏入社会就意味着作为一个全方位的人才来为社会服务，来回报社会。人才就意味着拥有独立的思想，独立的人格，独立的个体。对于刚踏入社会的大学生，一下子失去了大家的呵护，短时间之内会很不习惯，出现各种各样的问题，严重者也许会有危及他人的性格。造成这一系列的问题都是由于大学生的独立性不够引起的。为了让大学生更快更好地适应社会、融入社会，更好地为社会服务，大学生在校期间，辅导员就应该帮助大学生培养其独立性。

针对怎样培养在校大学生的独立性这个问题，辅导员应该对于不同的学生进行不同的教育：对于缺乏自信的学生，辅导员应该帮助他们在与教师、同学相处过程中感受到真挚的感情，从而慢慢地建立起自信，这样有益于接下来培养其独立性；对于太自信以至于自负的学生，帮助他们认清自己，认清别人眼中的自己，不可盲目、太过自信，不可目中无人。能够更好地认识自己，才能与他人更好地相处，才能更好地培养其独立的能力。

（2）提高社交能力

不要以为踏入社会以后才需要提高其社交能力，请不要忘了，学校也是个"社交圈"。在大学时期，学生与教生之间、学生与老师之间都构成了不同的社交圈。

在刚踏入社会时，之前是被社会保护的对象，现在变成保护社会了，身份的转变让他们很不习惯、很难适应，这个时候就渴望被在一起工作的同事和领导接纳。怎样才能更快地被接纳，更好地融入社会这个大集体中呢？这时候就需要很好的社交能力。对于社交能力好的人能够使一些难办的事情事半功倍，而社交不好的人就有可能事倍功半，可见社交能力的重要性。那么对于在校大学生到底怎样培养其社交能力呢？首先帮助大学生树立良好的形象，引导他们用适合自己的穿着打扮来增加个人魅力；然后辅导员模拟一定的环境，培养学生的说话技巧来提高他们的社交能力。

（三）高校辅导员课程化地对学生开展组织管理的教育

组织管理分为学习方面（适应学习、指导选课、制订人生规划）的管理、日常方面（班级干部、奖助贷）的管理和活动方面（社团活动、生活园区活动、勤工俭学活动、社会实践活动）的管理。

1. 辅导员课程化地对学生进行关于学习方面的教育

学习管理指的是对于刚进入大学校门的大一学生，辅导员帮助他们更快地适应新的学习环境、新的学习方法、新的学习目标。针对这个问题，辅导员应从以下几方面着手：

（1）适应学习

在大一新生刚进入学校后，辅导员应该立即引导大学生把学习作为大学期间最重要的任务。对此可从以下方面做准备：首先，辅导员应该帮助大一新生熟悉大学的学习环境和氛围，让他们尽快适应新的学习方式，制订新的学习计划；其次，辅导员帮助他们尽快找到适合自己的学习方法，提高学习效率，树立更大更远的学习目标。

（2）指导选课

对那些刚进入大学的大一新生而言，选修课通常会让人手足无措，不知道如何选择，这个时候辅导员就发挥了极大的作用。辅导员首先让每位大一新生根据自己的学习目标圈出自己应该选择的课程，然后再根据自己的兴趣爱好再一次进行筛选，最后选出来的课既是自己喜欢的又是学习任务上所必需的。这样的话学生就会对这些课更加感兴趣了。

（3）制订人生规划

人生规划即未来想成为什么样的人，想从事什么样的工作。大学生的人生规划就是为了实现人生的目标而制订的计划。目标的实现与大学生在学校期间所修的课程、所制定的学习目标，以及自己的兴趣爱好、性格等有着紧密关系。因此，辅导员在帮助大学生制订人生规划时，一定要根据他们学习的专业情况、人生的目标，以及对自身的认识来制订属于他们个人的未来的人生规划。

2. 辅导员课程化地对学生进行关于日常方面的教育

辅导员既要帮助学校搞好关于学校教育等一切相关的大小事务，还要做好自己所在班级关于学生档案、宿舍、健康、干部等日常事务。尽管辅导员的工作非常繁忙，但对大学生日常方面的管理不可小觑。对大学生日常方面的管理从对班级干部的管理和对奖学金助学贷的管理这两方面展开具体的论述。

（1）对班级干部的管理

班级干部的作用是帮助辅导员管理班级和组织班级活动，班级干部关系着班级的未来。因此，班级干部的选择不容小觑。班级干部并不是先天就具有这种管理能力的，这就需要我们在学生中挑选一些先进分子作为班干部，然后再进行专门的培养和加强管理。

①精心选拔

班级干部是为他人服务的，是为大集体服务的，因此，那些不仅管理能力强、领导能力强、凝聚力强，而且吃苦耐劳、有责任心的、有奉献精神的、能为他人着想的学生才可以当选为班干部。

②注重培养

班干部经过层层筛选之后，为了更好地协助辅导员工作，更好地为班级服务，应进行一些技能学习、方法学习、强化学习、实践锻炼等措施来提升班级干部的综合素质，培养使用好学生干部。

通过强化学习、技能培训、方法指导、实践锻炼等措施提升学生干部的综合素质，培养使用好学生干部。

（2）对奖助贷的管理

奖助贷指的是国家奖学金、专项奖学金、三好学生、优秀学生干部和助学金、助学贷款、勤工俭学、困难补助。前四个对象是所有优秀大学生，后四个的对象是家庭经济困难的大学生。

①评优评先

国家奖学金、专项奖学金、三好学生、优秀学生干部的评优评先与大学生的个人利益有着紧密的关联，对培养大学生学习的激情有着不可小觑的作用。辅导员在进行评优评先工作时要秉着公平公正的原则，否则后果不堪设想。

②贫困生补助

助学金、助学贷款、勤工俭学、困难补助是对家庭经济困难学生的奖励和鼓励，对帮助贫困大学生顺利完成学业起着十分重要的作用。辅导员在进行贫困生补助工作时，要按照国家规定的相关条例严格做好贫困生的筛选工作，做到公平公正。

3. 辅导员课程化地对学生进行关于活动方面的教育

除去大学生在教室里进行的课堂学习活动以外，剩下的就是现在所要讲述的活动，也就是我们经常所说的课外活动。课堂以外的活动均称为课外活动。课外活动有着促进学生健康成长、锻炼交往水平、培养组织能力、提高综合素质、丰富大学生的课余生活的作用。接下来要说的课外活动包括社团活动、生活园区活动、文体活动、勤工俭学活动及社会实践活动。对于上述那些有益身心健康的活动，既要鼓励大学生参加，又要有一定的管理。

（1）对社团活动的管理

学校的社团活动虽然是由学校各个团组织或社团联合主办的，对于社团活动的管理，辅导员也发挥着十分重要的作用。辅导员对于学生社团活动的方向是不是积极的，程序是不是齐全的，质量是不是过关的，这些一定要严格把关。

（2）对生活园区活动的管理

生活园区活动指的是除了在学校里面进行班级活动之外，仍在学校里举行的活动。生活园区活动也是由辅导员组织管理的。辅导员通过组织积极向上的各种各样的生活园区活动，为大家塑造一个良好的生活环境，为大家提供更优质的服务。

（3）对文体活动的管理

文体活动分为文娱活动和体育活动两种。文娱活动指的是为了丰富学生的业余生活而举行的活动，体育活动指的是为了使学生劳逸结合而开的一门正式的运动课。

①对文娱活动的管理。

首先，对于文娱活动的组织、策划和指导这方面要加强，开展丰富多彩、积极向上、健康的文娱活动。

其次，让大学生通过参加文娱活动来帮助他们提高陶冶情操的能力、培养健康情趣、树立正确的观念。

最后，要坚决抵制各种低级趣味的、思想不健康的、有害于大学生身心健康的文娱活动。

②对体育活动的管理。

其一，为了增强大学生体质，为每一名大学生建立起属于他们自己的健康档案，有针对性地对每一名大学生进行不同的健康教育，使每一名大学生都能健康成长。

其二，对于体育课和课外活动的管理，通过每次体育课都要进行签到、对体育课也进行考试等方式来强化管理，使体育课和课外活动发挥它们应有的作用。

（4）对勤工俭学活动的管理

针对大学生勤工俭学活动中遇到的问题，辅导员要及时给予解决。这样更有利于大学生勤工俭学活动的顺利进行，从而有利于大学生的健康成长。

（5）对社会实践活动的管理

社会实践活动指的是大学生利用节假日进行的作为志愿者为他人服务的活动、到校外进行的专业实习、为训练学生的某项技能而举行的校外实践活动等各类活动。对于社会实践活动的管理要从以下几方面做起：①全方位开展，人人参加。②周密计划，用心组织。③目标明确，坚持原则。④认真总结，加强交流。

第三节　高校辅导员岗位特征

一、"专业化"与"职业化"的目标诉求

我国高校辅导员是大学生思想政治教育的重要组成部分。其工作涉及面很广，包括学生教育、管理、服务等日常工作，以及学生思想政治教育、心理咨询、职业咨询、职业发展教育等方面的工作。辅导员素质和工作质量对大学生思想政治教育效果具有很大的影响。思想政治教育工作队伍是加强和改进大学生思想政治教育的组织保障。辅导员、班主任是大学生思想政治教育的中坚力量，应采取一定的措施建立高水平的辅导员和班主任队伍。

目前，我国大学生辅导员仍存在着专业化程度不高、职业意识薄弱、模糊的角色定位和单一的职业发展通道等各种问题，这不仅限制了团队的稳定发展和业务质量的提高，而且还严重影响大学生思想政治教育的效果。因此，辅导员专业化成为解决问题的关键。打造一支高素质的辅导员队伍，就是要努力做到专业化、职业化和专家化。

（一）职业与职业化的概念界定

"职"具有"社会责任""权利义务"的含义，"业"是一种特殊技能，"从事某项业务"和"完成某项业务"。职业是一种以持续获得个人收入为目的而持续从事的具有市场价值的特殊活动。从实用主义哲学的角度来看，职业是一种人们可以从中受益的生活活动。从社会生产的角度来看，一定的社会分工或社会角色的持续实现，就形成了职业。职业一般是指人们为了获得报酬而从事社会生活中的工作。也可以理解为人们在同一行业中从事不同职位的各种工作的过程（职业＝职位＋行业）。

职业化，其实质就是一个职业从非职业状态向职业状态发展的过程，即某种劳动岗位变为社会所承认的职业并形成体系的过程。它包含国家政策体制、市场机制、组织环境和人才素质等内容。

（二）从个人素质角度看辅导员职业化的目标诉求

从人力资源管理的角度来看，职业化具体可以分为以下几种含义：①从业者应该表现出一种专业精神，而不是按照自己的意愿行事。良好的职业素养是职业化的基本特征，它

包含职业态度和职业精神。只有具备良好的职业素养，才能对自己选择的职业有强烈的认同感，进而对整个人生有职业归属感。如果对工作没有强烈的认同感，恐怕会对工作没有任何兴趣，只是敷衍了事，很难取得好的工作成果。②从业人员应具有一定程度的专业技能。掌握专业知识和技能是专业素养的基本要求，也是做好工作的基础。③专业人员在行业中应该有特定的行为准则或行为标准，从业人员应该按照行为准则或标准要求行事。按照既定的行为准则工作是专业精神的具体体现。专业人员按照规定工作，以确保少犯或不犯错误，提高工作效率，保证工作质量。

结合我国高校的实际教育情况，要求辅导员具有以下几个基本素质。

1. 术业有专攻

"术业有专攻"是专业人员和业余人员之间的区别。专业辅导员应具备专业的知识和技能。随着信息社会科学技术的迅速发展，不同文化之间的交流、煽动和相互渗透，要求辅导员在理论与实践相结合的基础上，总是坚定、有效地引导学生的思想成为在社会主义市场经济背景下的主流意识，以提高学生思想政治素质为核心的素质教育。

因此应从思想政治教育专业或相关专业、优秀毕业生或在职优秀教师、管理干部中选拔辅导员，并进行必要的培训，其教育要求与其他专业教师相近。他们必须有坚定的政治立场和敏感性，教育和引导学生牢固树立中国特色社会主义信念和共产主义信念，保持政治稳定。必须具备良好的道德素质和渊博的知识，才能获得学生的尊重和信任；必须有辩证唯物主义的思维方法；培养学生正确的世界观和思维方式；必须具备良好的沟通技巧、管理技巧，并充分了解学生关注的问题，以引导和激励学生积极主动地进行学习。辅导员应该努力成为大学生思想政治教育领域的专家。

2. 举止有方寸

"举止有方寸"是指大学生思想政治工作的开展应遵循职业道德规范。辅导员应坚持马克思列宁主义的指导、全面贯彻党的教育方针，紧密结合中华民族伟大复兴的社会实践。以理想信念教育为核心，以爱国主义教育为重点，以思想道德建设为基础，以大学生全面发展为目标，解放思想、实事求是、与时俱进，坚持以人为本，贴近实际、贴近生活、贴近学生，努力提高思想政治教育的针对性、实效性和吸引力、感染力，培养德智体美劳全面发展的社会主义合格建设者和可靠接班人。

3. 处世有追求

"处世有追求"是指辅导员职业化精神应有以下几种表现：①敬业：其核心是热爱学生，热爱工作，热爱学生思想政治教育事业。②责任：具有强烈的社会责任感和事业心。

③团队：具有良好的合作精神和团队，善于沟通和协调。④创新：适应新的教育形式，并努力探索大学生思想政治教育工作的新途径、新方法。⑤学习：不仅要勤于思考和解决问题，还要善于总结经验，不断提高自己的终身就业能力，树立终身学习的理念。

因此，教师应该具有思想政治教育专业或相关专业的知识和丰富的经验，在思想政治工作中可以做到高效、专注，能够以辅导员工作为依托，职业发展辅导员工作为重点，成为"政治强、业务精、纪律严、作风正"的思想政治教育工作者，成为教师的重要力量。

（三）从组织环境视角看辅导员职业化的目标诉求

从组织环境视角来看，辅导员职业化意味着以下几点内容：①辅导员成为一种社会认可的、具有很强专业性的社会职业。作为一种科学性、专业性很强的社会职业，必须形成其特有的职业体系、行为规范、就业标准和职业成就的评价方式，并得到社会的广泛认同。②辅导员有特定的从业资格，有相应的社会角色标准和压力约束，培训、考评和晋升机制健全，内部管理完善。③整个辅导员队伍实现了相对的稳定性，其职业可以成为从业人员的事业。

1. 广泛的社会认同

实际上，辅导员制度的建立源于对学生进行思想政治教育和政治学习的需要。然而，随着阶级斗争纲领的结束，思想政治教育在人们心中的重要性逐渐减弱。在市场经济条件下，人的个性得以扩展，个人的兴趣和欲望得以释放和满足，生产力迅速提高，科学技术迅速发展，科学主义和功利主义得以盛行和蔓延。在科学主义浪潮的冲击下，人们追求物质财富，却忽视了精神文化需求的满足。习惯于从功利主义的角度来看待世界，却无法从人文主义的角度来看待自己的精神家园。因此，大学生思想政治教育的必要性在科学主义的潮流中被埋没和蒙蔽。社会经常追求一元论的成功，人们渴望追求能在短时间内给自己带来好处的知识和技能。

在高校中没有对辅导员给予足够的关注。出于一些历史和社会原因，大学作为教学和科研的重要场所，往往在政策和制度上重视教师和机构的建设，轻视学生管理团队的建设。许多教师、领导的传统观念中，辅导员只是管理人员，从事学生管理工作，由此使高校对辅导员团队的建设只停留在表面，只是根据上级的指示要求辅导员队伍建设符合规定，没有从根本上认识到辅导员队伍建设的重要性和系统性，并积极给予关注，进行专业化的建设。

在新时代背景下，辅导员工作被赋予了新的意义，不再仅仅局限于政治教育，而是延伸到涉及大学生成长的思想教育道德教育、心理辅导、职业辅导和生涯发展教育等各方面，体现的是大德育的内涵。随着经济体制转型、高校扩招、就业体制改革，独生子女和困难学生增加，大学生当中出现许多学业困难、经济困难、就业困难、情感困扰、人生发展困惑、网络游戏成瘾的现象，学生思想压力加重、心理问题涌现。同时在全球化语境中，中西文化的交流和碰撞对大学生思想影响甚大。因此，对大学生进行思想政治教育的需要非但没有削弱反而越发增强，辅导员的思想政治教育工作日趋重要。

人们的广泛认可是一切职业的基础。此外，任何职业都是以人的广泛认同为基础，以人的广泛认同为其最终形成的重要标志。辅导员专业化的广泛社会认同需要社会和高校的共同努力，在政府主导的同时营造积极的舆论氛围，使人们对辅导员的心理认同明显增强。

2. 规范的职业资格认证体系

职业资格认证在现代社会职业形成过程中是非常重要的。这种资格鉴定的过程源于职业对人类生活的重要性及其技术获得的非自然性。导师工作的重要性不言而喻，学习教育、管理和组织技能也是如此。辅导员作为一种独立的职业，其确立的基础首先在于其专业技术体系，该体系以集体记忆的形式延续，形成集体的职业意识。职业技术体系的获得、集体职业意识的培养、职业观念和道德规范的构建必须以思想政治教育专业为基础，通过职业教育来实现。不经过一定的专业培训和学习，就不可能成为一名合格的辅导员，也不可能对学生的思想政治工作进行细致的研究。

教师工作的专业性质和职业教育的认定需要通过职业资格认证来实现。职业资格认证体系的建立意味着对从业人员的保护和对非专业人员的排斥，从而建立职业权威。另一方面，可以提高行业从业人员的门槛，规范准入渠道，增加专业声望。显然，职业资格认证体系的建立应该得到国家的承认和支持，相关行政部门的政策指导和扶持，社会和大学的充分合作。

3. 明确的角色定位和岗位职责

角色定位是指与人的社会地位和身份相一致的一套权利、义务和行为模式。明确角色定位，明确权利和责任体系，是科学评价辅导员工作的前提和基础，是提高辅导员工作效能的重要保证。

辅导员作为大学生全面发展的助手，决定了其作为教育者、组织者、管理者和服务提供者的多重角色。正因为这样的角色定位，辅导员更是德才兼备的教师。由于这一角色定位的特殊性——双方均等，它决定了一个职业作为一个职业的"功能自主性"。这种"功能自主"构成了辅导员职业的独特性，在辅导员专业化中起着至关重要的作用。具有独特

的作用和自主功能的专业性，获得长远发展，并不是单纯的依赖教师或政工系列，而是在于辅导员自身的职业发展，包括职业准入制度、操作管理系统、工作评价管理体系、薪酬福利体系的建立和完善。

4. 通畅的职业发展通道

职业的稳定性要求辅导员工作要成为一门职业，必须提供通畅的职业发展通道和乐观的职业发展前景。只有这样，才能吸引从业人员长期稳定地投入其中，并以此为事业不懈奋斗。对辅导员队伍的激励，是借助于行政系列或教师系列的晋升机制。行政管理职位的稀缺往往束缚了辅导员的发展，不能起到很好的激励作用。教师职称评定体系中重科研轻工作实绩的特点，也置辅导员的发展于不利境地。为了实现对辅导员队伍的有效激励，可开辟双重职业生涯晋升阶梯，也就是说，组织为不同的辅导员建立相应的职业晋升阶梯，总结各类辅导员成长的内在规律，明确其发展方向，让辅导员看到自己的职业前景，避免优秀辅导员出现只能通过单一的行政或教师晋升系列来实现自身的发展。除此之外，还可建立一种独特的辅导员职业发展通道，不依赖行政或教师系列现有的晋升机制。而这种独特的晋升机制和职业发展通道的建立，需要制度性的保证和各方的配合，还需要各种体制的建立与完善，包括培训考试制度、考核监管制度、薪酬福利制度等。

二、高校辅导员自我发展与提升的课程化研究

辅导员作为最直接的组织者和实施者对学生进行思想政治教育工作，作为一个引导和指导大学生在学校学习和生活的角色，不断提高自己的质量是一个坚实的基础，并不断促进教育的发展。新形势下，辅导员工作的复杂性不断增加，专业化程度不断提高，对辅导员素质的要求更加全面。一些辅导员对大学生思想政治教育工作的要求不同程度地不适应。辅导员综合素质的提高不仅需要各级系统的培训和学习，而且最根本的是发挥辅导员的主观能动性，进行自我完善。自我完善和发展是辅导员更好地履行职责、完成使命的重要手段。这也是个人不断成熟和畅通"出口"的前提，也是适应时代发展的必然要求。党和政府高度重视辅导员队伍建设，辅导员要抓住机遇，规划好自己的未来，更好地提高和发展自己，实现个人和事业的共同成长。所以，辅导员自我发展与提升的课程化是十分必要的。下面，我们主要围绕辅导员自我发展与提升课程化展开具体论述，内容包括辅导员自我发展与提升课程化的必要性、意义及基本途径。

（一）辅导员自我发展与提升课程化的必要性与意义

辅导员自我完善与发展是整个社会形势发展变化及大学生性格发展变化的客观要求，

也基于辅导员队伍建设的现状，并根据辅导员专业化和职业化的趋势提出了必然的要求。

1. 是适应和推进时代发展与学习型社会建设的必然要求

辅导员从事的大学生思想政治教育在整个高等教育体系中具有重要地位，并在学生综合素质的培养中具有重要作用。随着社会形势的发展变化对辅导员的自我完善也有了新的要求，主要体现在以下几方面：

（1）国家进步、社会发展的需要

国际国内政治经济形势的深刻变化，对大学生思想政治教育提出了更加严峻的考验，对辅导员素质和能力提出了更高的要求。这使得高校辅导员在面对环境变化的挑战时，必须有更加坚定的政治立场、更加敏锐的洞察力、更加丰富的文化知识、更加全面的综合素质。

（2）信息时代思想政治教育工作的需要

随着时代的进步和信息技术的发展，大学生接收信息的渠道日益多样化和复杂化，辅导员不再具有信息的主导性，一定程度上逆转了传统意义上管理者、教育者和被管理者之间信息不对称的状况。越来越多的信息可以让大学生与社会环境有更紧密的联系，这往往导致重要的信息被学生广泛传播。然而，辅导员没有及时发现和处理这种情况。此外，网络技术的发展和普及为大学生的思想政治教育工作提供了新的机遇，同时也带来了许多挑战。

（3）高校教育管理体制改革的需要

随着不断推进的高校教育管理体制改革，深化改革的重点逐渐放在制度创新、体制改革和机制创新上。"依法治校""以人为本"的教育理念在高校教育教学管理中逐步贯彻，对辅导员提出了更高的要求。

2. 是促进大学生全面成长成才的必然要求

众所周知，大学生是存在于校园中的社会群体，不仅具有学生群体的独特性，而且具有社会单位的广泛性。他们的思想行为更加多样化和复杂化，人格特征不成熟。这对辅导员工作提出了更高的要求。主要体现在以下几方面：

（1）准确把握大学生思想特点的需要

大学生的思想特征主要包括理想信念、民族精神、公民道德、心理健康等方面。影响大学生思想特征的因素是多样而复杂的，既包括时代背景、家庭环境、地域特征等客观因素，也包括不同年级、不同专业、学业成绩、社会工作经历、自身特点等主观因素。

大学生正处于形成理想信念、民族精神和道德品质的关键时期，心理也处于走向成熟的过渡阶段。一些大学生的判断力和自控能力较差，迫切需要正确的引导。辅导员自身必须有良好的思想政治素质和相应的心理咨询技能，掌握正确的方法，提高他们的观察能力和分析能力，善于分析，抓住影响学生个体思想的特点，因人而异采取合适的治疗方法，帮助他们了解自己的不足，克服缺点，发挥自身优势。同时，除了年轻人普遍的心理，大学生的人格心理更加突出，这就需要辅导员以适当的沟通技巧来指导学生。

（2）做好大学生教育、管理、服务工作的需要

除了政府支出，高等教育的成本补偿也应该由受教育者支付一部分。因此，学生和家长对学校的教育、管理和服务工作有了更高的要求。

从目前来看，一些深层次的社会问题，如青少年犯罪问题、青年恋爱观及性观念问题、诚信危机问题等，给高校的思想政治教育工作带来更大的难度，需要辅导员不断学习相关理论知识，采取有效的教育方法和途径，在大学生中开展丰富多彩的主题活动。与此同时，网络的出现既给大学生的学习生活带来了极大便利，也产生了部分学生网络道德失范甚至沉溺于网络等现象。如何加强对大学生网络行为的规范和引导，是当前大学生思想政治教育面临的问题之一。

学生的管理工作，如学校风格建设，资助家庭经济困难的学生，处理紧急情况，综合评价和评价奖罚，要求辅导员熟悉工作流程，学会把握尺度，有正义感，以合理的方式公平、公正地进行处理。学生管理工作千头万绪，任务繁重，不仅需要辅导员掌握一定的工作方法和技巧，还需要树立"以学生为本"的工作理念，具有高度的责任感和奉献精神。实践表明，辅导员在学生管理中的态度和能力不仅关系到学生的切身利益，而且影响着辅导员在学生中的形象。

辅导员开展工作的主要支点是学生班级、党、团组织。培养学生骨干，加强党、团组织的建设，需要同时从制度建设和文化建设两方面入手，不仅需要辅导员有相应的组织建设、管理和指导能力，还需要有一定的亲和力，甚至人格魅力。而且，随着每年毕业生人数的大幅度增加，高校毕业生就业遇到了前所未有的困难，给在校大学生带来了巨大的压力。如何加强学生社会实践指导和职业生涯辅导，引导学生正确地认识自身和社会需求之间的关系，也成为高校辅导员需要认真思索的课题及工作内容。

3. 是加强辅导员队伍专业化、职业化的必然要求

加强辅导员队伍建设的指导思想是，建设一支高素质、专业化、职业化的指导队伍。辅导员自我发展与提升的课程化，体现了辅导员队伍专业化、职业化发展的趋势和要求。

（1）符合辅导员队伍专业化建设的需要

辅导员职业化程度是指辅导员的专业素质和技能水平，直接影响工作效果。好教师造就好学校，好辅导员造就一群学生的未来。要成为一名合格的辅导员，必须按照"政治

强、业务精、纪律严、作风正"的要求，不断提高自己的素质。

政治实力要求辅导员具有较高的思想政治素质、坚定的理想信念和追求，符合党中央关于政治原则、政治立场和政治取向、政治坚定；政治实力要求辅导员具有爱心和责任心。业务本质是指专职或兼职辅导员工作人员，必须掌握思想政治教育相关专业知识，具备相关专业技能，熟悉工作规律。严格的纪律就是要求辅导员具有较强的组织纪律，有大局意识和责任感，能够遵守岗位规定。工作作风是要求辅导员具有良好的道德素质，具有艰苦奋斗、无私奉献的工作作风，对学生有爱心、有责任心，有激情，敢于拼搏，善于解决难题。

（2）符合辅导员队伍职业化发展的需要

高等学校辅导员，负责学生的日常管理，思想政治教育、素质教育、就业指导等工作，扮演多个角色，即对大学生成长最直接的指导者，高校正常教学秩序的维护者，是高校校园文化建设的组织者，建设大学精神的直接实现者和交流者。高校辅导员工作的性质和任务决定了高校辅导员工作队伍必须是一支政治素质高、理论基础强、专业能力强、专业学位高的专业队伍，才能保证高校社会主义教育的方向。

辅导员的职责主要是做好日常思想政治教育、心理健康教育、服务育人工作等，提高大学生克服困难、经得起考验和挫折的能力。密切关注大学生思想政治状况，有针对性地开展相应的课堂教育；指导和组织各种主题和任务要求的理想信念教育、爱国主义教育、公民道德教育、素质教育等。在日常的大学生学习和生活中进行实际问题思想政治工作教育，指导学生党、团支部和班级的建设。具体负责大学生思想政治教育的日常管理工作，组织开展大学生学习能力、就业指导、心理健康教育等方面的工作，以及学校、社会保障稳定等方面的活动。

综上所述，辅导员队伍的专业化要求辅导员在履行工作职责的同时，也应该具有自己所擅长的专业领域，加强专业理论学习和实践，使该专业成为终生职业。例如，为学生提供职业规划和职业指导，或担任学生心理健康教育和学生群体心理研究的辅导员。

（二）辅导员自我发展与提升课程化的基本途径

经过长期的研究与分析，我们对辅导员自我发展与提升课程化的基本途径做了总结，主要归纳为以下几方面：

1. 通过学习全面提升自身素质

人的生存本身就是一种社会活动。随着人类意识的提高，个体不仅是教育的对象，也是教育的主体。辅导员的职责和任务决定了辅导员应该学习什么，学会什么，如何学习，以及如何有效地实施教育者的教育活动。

2. 通过实践全面提高自身工作素质

辅导员必须进行实践锻炼。理论与实践的结合、学以致用、学用相长与全面发展是教师在实践中加强学习与锻炼的基础。

（1）通过实践养成健康的人格特质

人格特质应该通过学习和实践来发展。王国维明确指出，情感的发展是一个完美的领域，是对人格特质的审美探讨。辅导员良好的人格特质是通过积极的态度、良好的心理素质、诚实守信的人格等方面来体现的，还包括爱好、知识、智慧、风度、勇气等。辅导员良好的个人魅力和亲和力可以激发学生参与各项活动的积极性和主动性，学生也会以优秀的辅导员为榜样。

（2）通过实践不断创新工作思路

辅导员工作重在创新。随着经济全球化的到来，人们的思想越来越多元化和复杂化，大学生在政治信仰、价值取向、人文精神、社会责任、心理发展等方面都面临着许多困惑和疑问。如何探索一种实用、创新、有效的工作思路是我们面临的一个新课题。基于以前的工作经验和实践，辅导员应该有勇气不断应用新思想和新观念开展工作、处理问题，如网络思想政治教育、心理健康教育和危机干预，新形势下职业规划和就业指导。同时，在实际工作中，总结经验教训，使自己的创新意识和创造力得到提高。

（3）通过实践来提升团队精神与交往能力

实际上，自我完善来源于社会交往，只有在社会交往中才能形成。一个人除了对生存的渴望之外，还对社会生活和智力生活有渴望，即人具有天生的道德素质和智力能力。良好的人际关系可以促进辅导员之间的经验交流、讨论、学习和帮助。辅导员要善于与领导、同事、学生进行沟通，并与学校教务处、保卫处、后勤处等相关部门进行协调，建立和谐的人际关系，形成良好的团队意识和工作氛围。

（4）通过实践来提高业务素质

辅导员的言行对学生起着潜移默化的作用。辅导员渊博的知识和全面的专业素质对学生有直接的正向影响。辅导员只有全面提升业务素质，才能为学生提供"思想指导、心理指导、学习指导、生活指导、就业指导、行为监督"。辅导员只有具备良好的组织协调能力、观察沟通能力、研究创新能力和应急反应能力，才能在日常教育、管理和服务中做好各项工作。

3. 通过思考和阐述升华思想理念

人们的思想来源于对学习和实践的积累和总结，是对自己所学、所见、所听、所做事情的理解、反思和升华。辅导员的自我完善和发展，在于明确其工作方向，在实践过程中逐步分析自我，形成习惯，改正缺点，从而使其思想观念得到升华。

（1）增强使命感

每一名辅导员都要反思自己应该做什么和该如何做。党和国家把加强和改进大学生思想政治教育作为一项重要而紧迫的战略任务，把辅导员作为大学生思想政治教育的中坚力量。辅导员不仅要理解和掌握中央文件精神的本质，还需要在实际工作中，面对日益复杂的国内外环境，面对日益多样化的学生群体，从党和国家的生存高度，从中华民族兴衰成败的高度，加强大学生的思想政治教育工作。

（2）提升责任意识

在进行与学生的切身利益，如奖励评估、选择和培训学生干部、发展学生党员等工作时，辅导员应坚持公平的原则，公正和开放，对自己、学生、家长、学校、党和国家负责。同时，要扎实细致地掌握每一名学生最近的思想动向和突发事件，做到及早了解情况，及早发现问题，及早预防危机，及早解决事故。提高辅导员的责任感和事业心，让每一名学生都朝着健康的方向成长。

（3）树立终身学习观念

辅导员必须不断学习如何去面对一群朝气蓬勃、对未来充满憧憬的大学生。要给学生一碗水，你必须先有一桶水。社会环境在变化，工作对象在变化，工作内容在变化，这促使辅导员自身不断适应。辅导员只有树立终身学习的理念，坚持在工作中学习，在学习中工作，在工作和学习中不断反思、总结和探索，提高自己的综合素质，才能适应大学生思想政治工作发展创新的需要。

（4）正确认识和发展自我

除了以上三点以外，还有一点需要我们在这里进行具体论述，即正确认识和发展自我。

以人为本的科学发展观是对人的自我意识和主体意识的认识。在新形势下，辅导员的职业前景广阔，国家和学校也为辅导员提供了施展才华、实现自身价值的舞台。通过实际工作，辅导员可以更全面地评估自己，发现不足，弥补不足。辅导员要正确认识自己，合理规划职业生涯，选择专业和专业发展道路。

第二章 高校辅导员的管理工作

第一节 学生日常生活管理

一、学生日常生活管理的主要内容

学生日常生活管理的内容随着社会的发展而不断拓展，主要针对的就是学生在高校的学生生涯期间的各种日常，其中较为主要的内容有三项，分别是学生的奖励与违纪管理、学生的宿舍生活管理和特殊学生群体管理。

（一）学生的奖励与违纪管理

学生在高校的日常生活多数是集体生活，学生需要遵循高校所制定的各种规章制度，以便在日常生活中健康成长并成才。学生进入高校之后，高校成了学生最主要的生活场所和学习场所。有些学生会因为各种原因违反校内规章制度，也有些学生会在思想品德、学业成绩、身心健康、社会服务等方面表现突出，这就需要对学生进行相应的奖励与违纪管理。

1. 奖励管理和违纪管理的主要内容

学生的奖励管理包括精神奖励和物质奖励两类，当学生在某些方面表现突出时，就需要根据表现情况进行不同层次的奖励，以便鼓励先进、树立榜样、发扬正气，并对其他学生产生督促和激励作用。精神奖励主要包括通报表扬、口头表扬、表彰、授予荣誉称号、颁发奖章证书等形式，物质奖励则主要包括奖学金奖励或奖品奖励等。通常高校内会有多层面的奖励制度，奖励渠道也有所不同，如有国家层面的奖学金，有高校层面或院系层面的各种奖励等。

学生的违纪管理主要是根据高校的相关规章制度和规定，对违反校纪校规或国家法律的学生进行批评教育或处分。比较常见的违纪行为包括旷课、损坏公物、考试作弊、扰乱校园秩序等，惩罚的处理包括警告、严重警告、记过、留校察看、开除学籍等。对学生进行违纪管理，是为了从反面对学生进行适当的约束和管理，以便维护校园的正常秩序和营造良好的学习环境，同时也能加强学生的遵纪守法意识。

2. 构建科学的奖励机制

只有构建科学的奖励机制，设置科学的奖励，才能更好地为学生界定行为规范，从而更好地维护校园的秩序。通常情况下，高校对学生的各种奖励的评审条件和标准，只是从比较宏观的方向上来确定的，具体的奖励办法还需要进一步的制定和有效执行。构建科学的奖励机制需要做到以下几点：一是设置的奖励要目的明确，奖励需要具有明显的引导性和教育性，能够在一定程度上督促学生向此方向努力和靠拢。二是需要制定契合实际的评审标准，这一步细化，体现出学生群体全面发展的人才需求，同时也要照顾到在某些领域表现突出的个性化学生；在制定评审标准时需要广泛听取学生和教师的建议和意见，确保评审标准能够被学生广泛接受。三是需要将奖励机制和高校的思想建设、文化建设结合起来，以便通过奖励机制来弘扬高校的特色文化。

3. 做好奖励评审

学生的奖励管理的目的并非奖励，而是通过奖励的形式来引导学生全面发展和健康成长，因此奖励评审的作用非常重要。做好奖励评审需要把握三项关键因素：一是高校需要准确理解各种奖励的评审要求和条件，尤其是一些社会机构设立的针对学生的奖励，其通常会对奖励对象进行更多的考察，对奖励条件等进行更多的界定，高校在进行奖励评审时一定要根据对应的条件严格地进行考察。二是高校需要对各种奖励和资源进行全盘考虑和划分，以便满足各个层次各种名额的奖励分配需求。尤其是随着国家奖助学力度的加大和社会机构奖学金的增加，高校所拥有的奖励资源越来越丰富，需要及时向学生公布相关奖励信息，包括奖励条件和奖励评审模式及奖励内容等，在确定奖励对象时需要进行全面考虑和考察，保证奖励对象的资格毋庸置疑。三是需要公开进行奖励评审，保证整个评审过程的公平公正，可以让学生和教师参与到评审之中，并严格要求、监督评审人员，避免滋生腐败，确保整个评审过程和结果的公平公正。

4. 加强奖励后续管理

学生的奖励管理的最终目的并非奖励，而是要通过奖励来引导学生向正确的行为、先进的思想等靠拢，以促进学生健康成才。因此进行奖励管理时，奖励评审和进行奖励并非最终工作，奖励之后的事务管理至关重要。其主要包括两部分内容，一是抓先进典型进行适当的各类形式的宣传，从而令奖励的教育功能得以更大地发挥，并提高奖励的影响力，激发学生的赶超意识；二是针对获得奖励的学生进行思想引导，督促学生正确对待所得奖励，避免无意义的铺张浪费，并引导学生继续努力，进一步提高和成长。

5. 客观进行违纪管理

有奖有惩才能体现出学生日常生活管理过程中的公平公正，对思想有偏差、行为有错误，且证据充分、依据明确、定性准确的违纪学生，要给予批评教育或纪律处分，其目的并非进行违纪惩罚，而是为了及时纠正错误并引导学生更健康地成长，同时也是为了警示其他学生。对学生进行违纪管理是对学生的一种特殊教育形式，要遵循实事求是的原则，通过正当程序依法进行处理，并需要对学生进行权益救济和再教育。高校需要加倍关心和关注受处理的学生，积极调动家庭乃至社会的力量，促使学生能够真正认识到自身行为和思想的错误及危害，并通过思想引导转变学生思维，促使其自觉遵纪守法并时刻自省，避免违纪行为再次发生。在此过程中，辅导员需要积极给予学生鼓励和辅导，帮助学生树立信心、培养勇气，最终健康成长和成才。

(二) 学生宿舍生活管理

在高校之中，学生的宿舍或公寓是其学习、生活、交际、休息、娱乐放松的重要场所，同时也是辅导员对学生进行思想政治教育及素质教育的主要阵地。学生宿舍生活管理不仅关乎学生的正常学习和生活秩序，还关乎学校的稳定乃至社会的稳定，更关乎学生的人身安全和财产安全。抓好学生宿舍生活管理，需要从以下几面入手：

1. 加强宿舍管理机制建设

高校学生宿舍生活管理的重点主要是学生的作息、宿舍的卫生和学生个人的卫生、宿舍区域的消防和治安安全、学生之间的人际冲突、基于宿舍的党建和思想政治教育工作、学生宿舍社区文化建设等。要做好这些管理工作，就必须明确责任，加强宿舍管理机制建设，需要以院系、后勤、保卫、辅导员等多个部门为核心共同对学生宿舍进行管理，明确不同部门的不同责任，并建立完善的管理制度。例如，完善宿舍管理规定和宿舍文明建设管理制度、宿舍卫生管理制度等各种规章制度，积极发挥学生干部、学生党员等骨干学生的力量，形成自治管理模式，强化学生宿舍的规范化管理。

2. 加强思想政治教育工作

通常学生宿舍和公寓是按班级或专业划分的，这样做不但能够加强同班同专业学生之间的交流沟通，而且也更容易发挥集体管理的思想政治教育优势，如可以按照班级或专业建立党支部，发挥学生党员在宿舍管理中的先锋模范作用。同班级或同专业学生集中居住，更有利于建设学生社区文化，同时也可以提高学生的集体主义观念，如集体荣辱感等；可以运用集中居住的优势加强学生的安全和法治教育，以点带面，培养学生遵纪守法的良好意识和行为；可以运用电视、广播、信息推送等载体或形式，对学生进行各种形式的思想政治教育工作，尤其是宿舍安全、行为规范等内容需要进行深入教育。

3. 与学生同住打成一片

辅导员要充分发挥学生日常生活管理和思想政治教育工作者的优势，可以和学生住同一宿舍从而和学生打成一片，一方面能够及时了解学生的思想动态，并通过和学生的深入接触，了解学生的生活和特点，从而能够更有针对性地对学生进行引导，帮助学生正确处理各种问题，还可以在此过程中及时对学生开展思想政治教育工作，引导学生培养正确的人生观、世界观和价值观；另一方面，与学生打成一片有助于辅导员及时获取学生的各种信息，了解学生的各种问题及学生的真实情况，从而确保信息和学生状况真实可靠，并通过对这些信息的分析，及时发现各种问题，及时进行处理和引导，避免问题恶化或扩大化。在此过程中要积极听取学生提出的合理需求，畅通学生正常反映意见的渠道，确保能够建设对学生成长成才更有利的宿舍环境。

4. 注重校外租住学生的生活管理

在高校中由于住宿条件的限制及学生个人的特殊需求，有一部分学生在校外租房居住，这就给辅导员管理宿舍生活带来了一定的困难。通常情况下，学生在校外住宿需要向学校进行申请，注明租房原因和详细地址，并划分好学生在校外居住时的人身和财产安全责任。虽然学生在校外居住时人身和财产的安全责任由学生自己负责，但为了加强学生的安全意识，辅导员还需要加强对学生的安全教育，并时刻关注校外租住学生的情况，及时进行沟通交流和情况分析，对学生进行思想政治教育和安全意识教育。

（三）特殊学生群体的日常生活管理

特殊学生群体指的是学生自身情况或家庭情况具有一定特殊性，与普通学生不同的特定学生群体。主要包括身体残疾的学生、心理障碍或患有心理疾病的学生、家庭经济条件困难的学生、父母离异或单亲家庭的学生、因成绩或其他因素延长学制的学生、受到纪律处分的学生、网瘾学生、少数民族学生等。特殊学生群体的日常生活管理的重点是根据学生的特点，有针对性地进行管理，辅导员抓好此部分工作需要把握以下几方面的内容：

1. 摸排情况，形成特殊学生档案

抓好特殊学生群体的日常生活管理的前提就是要对学生有深入的了解，虽然特殊学生群体拥有一定的共性，如归属为上述八类情况的某类或某几类，但因为学生具有多样化和

个性化特性，所以其表现和具体情况也是完全不同的。辅导员需要深入特殊学生群体，加强和学生的沟通，通过对学生的学习、生活、思想等状况的了解和摸排，及时挖掘不同学生的不同问题，并建立特殊学生档案，有针对性地对学生情况进行更新。

在此过程中需要坚持外松内紧的原则，即交流沟通时要自由轻松，秉承平等、真诚交流的原则，引导学生敞开心扉，表达真实的想法；同时需要加强对学生隐私的保护，避免隐私泄露和传播，对学生产生不利影响。辅导员可以在分析特殊学生情况时，根据不同问题和情况，充分发挥学生同伴的隐性教育作用和引导作用及自我管理作用，以促进特殊学生群体健康成长。

2. 有针对性地进行特殊学生管理

不同的特殊学生会有不同的人生际遇，也会有不同的心理特点和思维模式，从而会出现不同的管理难点，因此辅导员在进行特殊学生日常生活管理时需要对学生进行逐个分析，根据不同学生的实际情况采取不同的方式，才能实现有效管理。同时，不同类别的特殊学生群体的特点不同，甚至不同学生的心理承受能力和适应力也有所不同，在进行日常生活管理时要以人为本，充分考虑到学生的内心感受，对于适应性强、承受力强的学生，可以采用更为直接的管理形式；对于内心敏感、自尊心强的学生，需要持久性的关心和帮助，投入更多的耐心和感情；而对于有心理障碍或患有精神疾病的学生，则需要邀请专业人员参与，这样出现危机时专业人员可以及时介入并干预，避免发生意外。

3. 切实做到防患于未然

特殊学生群体或多或少会有一定的困难和问题存在，也就容易引发一些意外或事故等，这会对普通学生的身心健康和生命安全及学校的正常秩序造成极大影响。因此，进行特殊学生群体管理，必须重视潜在的危机，需要相应提高危机防范能力，防患于未然，尽量避免恶性事件的发生。这就需要做到以下几点：首先，要建立以高校为核心的危机干预联动机制，即在危机萌芽时多方联动，及时将萌芽控制在可控范围之内，并进行干预促使危机弱化或消失；其次，要建立经常性危机排查和评估制度，即通过对已出现的问题进行及时排查和评估，评判危机发生的可能性，并采取预防措施；再次，要充分运用现代化技术进行危机预防，即通过学生、辅导员、高校的多方协作，运用互联网技术、大数据分析技术等对其中可能发生的危机信息进行收集，以防患于未然；最后，要和各种危机处理机关协作完成管理，如发生盗窃事件，可以与公安机关一起开展工作，避免事件影响扩大和学生损失扩大等。

二、学生日常生活中的良师益友

辅导员是高校基层教育者和管理者，在日常生活中和学生群体的接触最为密切，同时又肩负着多样性任务，扮演着多样化角色，其工作范围内的日常生活管理是和学生关系最为紧密的一项工作，因此，成为学生的良师益友，对辅导员的工作会有极大的促进作用。做学生的良师益友，辅导员需要从两个角度进行角色定位：其一是良师，即在学生的学习和成才路上当学生称职的引导者，辅助学生成为社会未来所需的人才；其二是益友，辅导员需要在学生的日常生活之中成为学生的知心朋友，双方真诚相待、真诚沟通，最终陪伴学生健康成长。辅导员想成为学生的良师益友，就需要对学生日常生活中的需求有清晰的了解，从而针对不同的学生采取不同的措施。大学生日常生活中的需求主要分为以下几种：

（一）学习需求

大学生群体中有些学生缺乏明确的学习目标，也没有足够的学习动力，这就造成学生无法养成良好的学习习惯，同时也就缺乏自我约束和自我学习能力。长此以往，这些学生必然会出现厌学心理和情绪，这些学生也被称为学习困难学生。辅导员需要在与学生日常沟通交流的过程中，及时发现此类学生，并根据学生的个性，有针对性地引导其明确学习目标，确立正确的学习方向，从而正常完成高校学业。

（二）生活需求

有些学生在高校日常生活过程中，会因为种种因素无法完成独立生活，主要包括家庭经济情况差因而难以承担学费和生活费的学生。面对这些学生，辅导员需要根据学生的生活需求，采取有针对性的措施，如对经济困难的学生，及时向其普及相应的政策，帮助学生申请助学贷款或帮助其获得勤工俭学机会，促使其通过自身的努力摆脱经济困难。在此过程中，辅导员不仅要从生活需求方面帮助学生，还需要从思想层面进行引导和疏导，帮助经济困难的学生提升信心，帮助其敞开心扉，融入大学生群体之中。

（三）行为和观念需求

有些高校学生在日常生活中缺乏独立性，主要表现为生活自理能力差、缺乏独立生活的能力、没有正确的消费观念等。因为缺乏独立性，这些学生很容易在行为习惯方面产生偏差，如日常生活没有条理，花销大、没有计划，对家长和他人的依赖性过大等。针对这类学生，辅导员需要及时进行思想引导和行为引导，帮助学生建立责任心，培养学生的责任意识，并促使学生积极、自发地学习生活技能。通过责任心的培养，促使学生在行为习惯和思维观念方面有所转变，成为对自己负责、对家庭负责、对学校负责、对社会负责的独立个体。

（四）情感认知需求和人际交往需求

有些学生在日常生活中会表现出非常明显的不适应性，包括价值取向、社会认知、人际交往和心理转变等方面，而对高校生活的不适应会使其时刻处于一种无所适从、不知所措的状态，这会严重影响学生正常的人际交往和情感表现。辅导员需要挖掘学生出现不适应的根源，并根据源头进行有针对性的引导，可以通过鼓励、参与活动等，加强学生与外界环境的交互，以此促使学生突破自身局限。

（五）职业及择业需求

有些大学生在步入高校之前，一直将学习目标和人生规划的短期目标定为进入大学，但真正进入大学之后，却发现自己根本没有下一步目标，虽然他们都知道最终自身的目标是步入社会就业，但对人生的发展、职业的规划和设计、择业的方向等没有概念。他们缺乏对未来人生的思考，更因为没有具体的目标，缺乏对就业信息的搜集和整理能力，同时也没有足够的择业技巧，没有做好就业准备，因此在面临社会严峻的就业形势时会更加不知所措。辅导员需要根据学生的专业特性和兴趣特点，引导学生对未来进行规划和计划，以便学生能够明确未来的人生目标和职业目标，只有帮助学生确定具体的发展方向，才能够激发出学生学习和成才的自主性和主动性。

三、辅导员进行学生日常生活管理应具备的素质

随着社会快速发展，高校学生的发展也开始呈现多样化特征，这就要求辅导员不仅需要承担更加繁重的工作任务和艰巨的责任，还需要承受巨大的压力，拥有相匹配的各种优秀素质。在学生的日常生活管理过程中，辅导员的目标是成为学生的良师益友，这不仅需要辅导员具备扎实全面的理论知识，还需要其具备高超的沟通交流能力及相应的素质，主要体现在以下几方面：

（一）良好的师德师风

辅导员想成为学生的良师，就要树立良好的师德师风，这不仅是教师这一职业的需

求，还是辅导员能够指导学生的基础。辅导员在高校教师队伍之中较为特殊，虽然角色定位是一名高校教师，但其真正发挥教育功能并不局限于课堂中，而是在日常生活之中。辅导员平时和学生接触的时间最多，因此对学生的了解也更加全面和深刻，完成辅导员工作任务的第一步就是弘扬良好的师德师风，只有辅导员时刻遵守教师的行为规范和职业道德，并承担起对学生、对高校、对社会的责任，才能成为学生心中的"良师"，学生在日常生活中遇到各种问题和困难时，才会第一时间寻求辅导员的帮助。辅导员树立良好的师德师风需要做到以下几点：

首先是辅导员需要具备较高的思想政治素质。辅导员的核心工作任务就是学生的思想政治教育，即对学生进行社会主义核心价值观教育，逐步培养学生树立正确的人生观、价值观和世界观，并培养学生坚定的爱国精神和社会责任感。这就要求辅导员自身思想政治素质过硬，只有自身具备正确的价值观念，才能够在教育学生的过程中，引导学生走上正确健康的成长方向。

其次是辅导员需要具备爱岗敬业的精神。相比于高校的专业任课教师，辅导员的工作范畴更广且工作更加琐碎。从外界表现和辅导员自身的感受来看就是辅导员一直在忙，每天都在做无数工作，但一天下来又不知道忙些什么，因为丝毫感受不到完成目标的成就感，尤其是一个辅导员需要负责处理上百乃至数百名学生的日常事务。从学生的角度而言，自己的任何事都是重要紧急的事务，只有将这些问题解决，学生的成长成才路上才能一路畅通。而且不同学生面对的问题都会有所不同，因此辅导员会面临繁杂且多样的各类事务，辅导员必须立足于本职工作，认真对待每一位学生的事务，并认真进行分析和处理，这就需要辅导员具备爱岗敬业的精神，兢兢业业并不畏艰辛，以为国家、为社会培养所需人才为己任，才能够无愧于心并完成教育任务。

最后是辅导员需要具备奉献精神。辅导员的工作范畴广且事务杂，而且所做的绝大多数都是短时间内无法将成效表现出来的工作，如处理紧急突发事件，花费大量时间和精力与学生谈心、做思想政治工作等，以便通过交流了解学生心理、思想、情感、生活、学习等各方面的问题和困难，然后组织各种活动有针对性地对问题和困难进行解决。在这些工作中，需要辅导员投入大量的时间和精力，但很难产生可见的成果或成就，更不会取得明显的工作成绩。这就需要辅导员具备无私奉献的精神，不能过于计较自身得失。

（二）较高的人格魅力

辅导员只有拥有较高的人格魅力，才能快速消除和学生之间的隔阂，从而成为好友，辅导员的人格魅力主要体现在与学生交往过程中的真诚、信任、尊重、爱护和帮助等。首先需要做到的就是尊重学生。任何一名学生都拥有自己的尊严和权利，也有自身的情感、思想及需求，辅导员只有将自身处于和学生平等的地位，并真诚交往，尊重学生的人格、思想、个性、不同等，用民主的作风和疏导的方式，以真心换真心，耐心细致，因材施教，避免命令式、教条式沟通，才能够打开学生的心灵，从而成为学生的益友。

另外，辅导员需要对学生充满关爱，爱护之心溢于言表，这是教育的原动力，也是彼此之间沟通和建立情感的桥梁。陶行知先生曾说："真教育是心心相印的活动，唯独从心里发出来，才能打动心灵的深处。"也就是说，虽然辅导员和学生之间是管理者和教育者与被管理者和被教育者的关系，但如果辅导员想和学生成为朋友，就需要将自身置于与学生平等的地位，放下自己的教师和管理者身份，放下身为教师的威严，多一些真心，这样才能无形中拉近与学生的距离，从而真正走进学生的心中，增加学生对辅导员的亲切感，从而成为知心朋友。也只有成为知心朋友，学生才会向辅导员表达内心深处的真实感受、真实思想。因此，辅导员必须做到细心对待学生、用爱心感染学生、用耐心接纳学生，这样才能真正成为学生的益友。

（三）知行合一，做好表率

辅导员和学生的接触非常密切，因此一言一行都会对学生产生潜移默化的影响，这就要求辅导员在学生的日常生活管理过程中，时刻注意自身的言谈举止，要做到知行合一，这样才能成为学生的表率，并引导学生走上正确的成才道路。

1. 注意"言"

辅导员在和学生谈话和交流过程中，要注意自己说的话，话语不仅要有理论深度，还需要通俗易懂并直指核心，不能只是长篇大论的大道理，让学生听起来空洞无物。这就需要辅导员对学生进行深入了解，在把握学生性格、思维特点和实际问题的基础上，摆出事实，并根据事实梳理其中的道理，力求做到学生能够听得懂且能听得进去，这样才能引导学生主动思考并获得启发，自发去改进和改变。

在交流过程中，辅导员需要注意说话的态度和方式，用平等的语气进行交流和沟通，态度要真诚和蔼，尤其是当学生犯错时，不能一味训斥，而要先摆出事实，然后用学生能够接受的方式对事实进行分析，真诚地指出其中的问题，确保学生能够发自内心地认识到问题，从而主动改正。

另外，当学生主动找辅导员进行沟通时，尤其是遇到问题渴望寻求帮助时，辅导员一定要学会倾听，要学会换位思考，站在学生的角度和立场去分析学生的情况，然后再以朋友的身份进行交流，从自身的经验出发，解答学生的困惑，引导学生主动思考解决问题的方法，让学生能够参与反思和总结之中，这样不仅有利于提高学生对解决方法的接受程度，还有利于锻炼学生解决问题的能力。

2. 注意"行"

辅导员不仅需要对学生进行思想理论教育，即通过言语将道理教给学生，还需要为学生树立榜样，即通过自己的行为引导学生学习。正如俗话所说：言传不如身教。辅导员需要以身作则、严于律己，并且言行一致，这样才能够让学生信服并受到正面的影响。因为辅导员和学生的日常接触很多，辅导员的言谈举止同样会对学生产生影响，令学生效仿。

第二节　学生资助管理工作

一、学生资助涵盖的内容

自中华人民共和国成立以来，中国在不同的时期对学生进行资助的目标、范围、标准和方式也有所不同，其不仅是社会经济发展的投影，也是教育发展的烙印。

（一）学生资助政策沿革

从整体来看，学生资助政策大概分为四个阶段，第一个阶段是免费和人民助学金的形式，最初是全体大学生都免交学杂费并能够得到政府给予的人民助学金，全国的标准统一；之后开始根据社会经济发展情况进行调整，家庭富裕，能够承担生活费的学生不再发放助学金，能够承担部分费用的学生承担一部分费用，助学金补全剩余费用，完全无法承担的学生则发放全部助学金。

（二）学生资助所涵盖的内容

第一是国家奖学金。这是国家为了激励高校学生勤奋学习和全面发展，由中央政府设立的用以奖励高校中特别优秀的学生的奖学金，原则上是学生只要符合奖励条件，不论家庭经济是否困难都能够获得，同一个学年之内获得国家奖学金的家庭经济困难的学生，不能同时获得国家励志奖学金，但可以同时申请与获得国家助学金。国家奖学金最基本的申请条件是大学二年级及以上普通全日制高校在校生，只要学生热爱祖国并拥护党的领导，思想政治层面符合要求，并遵纪守法，遵守学校规章制度，道德品质优良，同时在校期间的学习成绩、实践活动能力、创新能力、综合素质等特别突出和优秀，即可进行申请。

第二是国家励志奖学金。这是国家为了激励高校中家庭经济困难的学生勤奋学习和全面发展，由中央政府和地方政府共同设立的针对家庭经济困难但各方面都比较优秀的学生的奖学金。其基本的申请条件和国家奖学金类似，只是增加了针对性，即家庭经济困难且生活俭朴的优秀学生。

第三是国家助学金。这是国家为了帮助高校家庭经济困难的学生，由中央政府和地方政府共同设立的助学金，具体的资助标准分 2~3 档，由高校分档，并由地方财政部门确定具体标准。其基本的申请条件为热爱祖国并拥护党的领导，遵纪守法且遵守高校规章制度，道德品质优秀且勤奋好学，同时家庭经济困难且生活俭朴。在此基础上，高校可以根据自身的实际情况制定详细的条件。

第四是师范生公费教育政策。此项政策主要针对的是师范生，其目的是改革和加强师范教育并吸引更多优秀高中毕业生报考师范专业，从而培养更多优秀教育工作者。

公费教育师范生毕业后一般需要回到生源所在省份任教，并由省级相关部门统筹规划，做好师范毕业生接收工作，确保每一位公费师范生都能够有编有岗；同时省级教育行政部门要负责组织用人单位和毕业生彼此双向选择，若公费师范生前往中西部任教，中央财政会对中西部地区给予一定支持。公费师范生可以同时享受国家奖学金和学校及社会设立的各种奖学金，但不能同时享受国家励志奖学金和国家助学金。

第五是国家助学贷款。这是由政府主导，财政部门贴息，然后财政部门和高校共同给予银行一定的风险补偿金，最终银行和教育行政部门及高校共同进行操作，以帮助家庭经济困难的学生支付在校期间的各种费用，学生可以在毕业后分期偿还。

国家助学贷款的具体申请条件是具有中华人民共和国国籍且持有中华人民共和国居民身份证，家庭经济困难的本专科及研究生，且具备完全民事行为能力，学习努力，能够正常完成学业，遵纪守法且道德品质高尚，同时因为家庭经济情况无法筹备到足够在校期间使用的各种费用。

国家助学贷款实行的是一次申请、一次授信、分期发放的方式，即通过审批的学生可以和银行一次签订多个学年的贷款合同，银行需要分年对贷款进行发放，通常在一个学年内的各种贷款银行需要一次性发放。助学贷款可以细分为两类，一类就是以上说的由政府主导、财政贴息的贷款模式，不需要学生办理贷款担保或抵押，但需要承诺按期还款并承担相对应的法律责任；另一类则是生源地信用助学贷款，这是由学生入学前户籍所在地主导办理的助学贷款，通常由学生本人或学生合法监护人向户籍所在地申请办理，无须担保和抵押。

助学贷款的还款方式分为多种：一种是由学生在毕业前或毕业时一次性或分次还清；

一种是毕业后由学生所在工作单位一次性垫还；一种是学生毕业进入工作岗位后，在第二年到第五年期间由所在单位从工资中逐月扣还；一种是毕业后根据学生在工作单位的表现，减免垫还贷款。若学生在高校期间因为触犯了法律、校规校纪等被学校开除学籍或勒令退学，或学生自动退学，那么贷款需要由学生家长负责还清。

第六是勤工俭学活动，即家庭经济困难的学生在高校组织下，利用自身的课余时间通过自身的劳动获得合法报酬，以用于改善自身学习和生活条件的活动。通常情况下学生在学习之余依旧有余力，则可以申请勤工俭学，审批之后接受必要的岗前培训和安全教育后，由学校统一安排到校内或校外的岗位上进行劳动。当然，勤工俭学的形式和途径并非统一，有些学生通过家教中心的帮助获得家教的工作，有些学生则通过招聘广告或介绍直接与用人单位联系成为其员工，从而获取一部分合法报酬来补贴自身。

除以上六种资助形式之外，还有些其他的资助政策和措施，如有些高校会开通绿色通道，即高校对家庭经济困难的学生进行审核后，可以批准其暂缓缴纳学杂费等，先入学学习然后由高校来帮助学生申请贷款、提供勤工俭学机会、根据学生情况申请奖学金和助学金等，其目的就是通过对家庭经济困难学生的关怀，运用绿色通道来为其更好地学习和成长提供便利。

二、学生资助工作的基本原则

学生资助工作的最终目的是为家庭经济困难的学生创造更好的学习条件和成长环境，因此整个资助工作过程中始终需要坚持以学生为本的核心原则，并将解决学生实际困难与解决学生的思想问题结合起来，在帮助家庭经济困难的学生解决经济方面的问题的同时，引导学生在学习、生活、思想、观念、信念等方面共同提高和成长，以便最终成为社会所需的优秀人才。为了达到以上目标，在资助工作中就需要遵循一定的基本原则。

（一）坚持资助与育人结合的原则

学生资助工作并非简单的经济资助工作，而是一个综合性工作，在解决学生经济困难问题的同时，还需要促进学生健康成长、和谐发展，尤其是随着社会的发展，社会对人才的要求越来越高，并呈现出多样化特征。家庭经济困难的学生因为其成长过程中一直伴随着经济问题，所以产生了很多其他问题，包括心理和思想道德品质方面的问题，很容易和普通学生产生隔阂。

基于此，在开展学生资助工作、解决学生经济问题时，还需要加强对学生的教育，包括爱国教育、感恩教育、自强教育、自立教育等，不仅需要为学生创造基本的生活条件，还需要从多个层面着手促使其能够安心学习并顺利成才，也就是要坚持资助工作与育人工作相结合。具体可以从以下几个角度入手：

1. 加强心理健康教育

家庭经济困难的学生在承受经济压力的同时，也必然承受着心理压力，如有些学生在求学过程中长期承受很大的经济压力，所以性格更加自卑和内向，容易引发心理问题；有些学生在求学过程需要耗费大量课余时间参加勤工俭学从而减缓经济压力，因此会不同程度地影响学业，甚至无法获得奖学金，令学生陷入进退两难的困境，停止勤工俭学就无法承受经济压力，而持续进行勤工俭学就难免会影响学业。

以上这些情况是家庭经济困难的学生最常出现的问题，这也会令学生承受着更大的压力，尤其是因为性格问题和精力问题，很容易让其他普通学生觉得他们不合群，平添了人际交往的困扰。辅导员在帮助学生获得资助的同时，也需要有意识地帮助他们树立科学的人生观和价值观，需要通过心理健康教育调整学生的认知结构，让其能够正视贫困和现实情况，需要引导他们认识到资助永远是有限的，要真正解决经济问题，改变自身命运，还是要依靠自身的努力；另外需要指导学生提高心理自助能力，促使学生能够正确认识自身，寻找属于自己的闪光点，并完善人格，培养自尊、自立、自信、自强的心理品质；可以通过心理疏导，让学生认识到如今的经济困难和磨砺都是人生路上珍贵的财富，只要自己能够不断披荆斩棘，锤炼自身坚韧的毅力和拼搏的精神，不断完善和强化自身，就能够让自身摆脱经济困扰，从而促使学生能够保持乐观的心态，不断提高自己，培养出健康的心理素质，并构建契合自身的生活习惯和社会交际圈。

2. 加强诚信教育

高校对家庭经济困难的学生进行资助，最常见的方式就是各种助学金和助学贷款。在申请助学金和助学贷款过程中，辅导员要加强对学生的诚信教育，如在申请助学金过程中做到诚信申请，在助学贷款过程中做到诚信还贷，尤其是学生的助学贷款通常不需要担保和抵押，这就需要学生在拥有偿还能力时做到诚信还贷。只有拥有正确的理想观念和高尚的道德情操，加强对学生的诚信教育，才能培养出诚实守信、知恩图报、努力拼搏的社会人才。

3. 加强感恩教育

中国民间俗语称：受人滴水之恩，当以涌泉相报。这说的就是人需要具备感恩精神，即使受人一点小小的恩惠，也需要在拥有能力时加倍回报。为了能够让家庭经济困难的学生能够解决经济方面的后顾之忧，从而专心学业并努力成才，国家和社会采用了多种资助形式，这些资助者最期望的就是学生能够最终成才，并且不寻求回报，但作为接受资助的学生需要知恩图报。辅导员在学生接受资助的过程中，要运用有利时机对其进行感恩教育，如让受到社会资助的学生能够主动向捐赠方汇报自身的学习和生活情况，并表达自身的感激之情；逐步培养学生的感恩意识，充分发挥自主教育作用，培养学生的使命感和社会责任感，尤其是培养个人责任感，即获得资助后就要承担相应的个人责任，并在成才的道路上越走越远；同时，辅导员还可以引导接受资助的学生成立公益协会，并参加各种社会中的公益活动，通过公益协会相互交流，实现多层次的学生引导和教育，最终使接受资助的学生能够健康成长，并接受资助，之后进行自助，最后形成心怀感恩、不求回报地助人的良性循环，构建全方位的资助育人服务体系。

（二）坚持资助与励志结合的原则

资助家庭经济困难的学生的目的是消除他们的后顾之忧，并最终令其奋发进取、励志成才。因此在开展资助工作时，要坚持资助与励志结合的原则，坚持经济资助和精神扶持相结合，坚持物质帮扶与励志教育相结合，通过帮助学生摆脱经济困境，激励他们自强不息、勇往直前，磨炼他们在困境之中坚持理想信念并不断开拓进取的坚强意志。

辅导员可以通过对接受资助的学生群体开展自强评比、勤工俭学表彰、爱心回报社会等多种活动，引导学生树立正确的人生观、世界观和价值观，激励他们即使贫困，也能够正视自身，并自强自立自爱，在激烈的社会竞争中不断完善和提升自我，最终成为社会所需的优秀人才。

（三）坚持资助与勤工俭学结合原则

学生资助工作是为了通过给予家庭经济困难的学生经济资助，免除他们的后顾之忧，同时也需要培养他们的劳动观念和创新创业理念，因此需要坚持资助和勤工俭学相结合的原则，在保障学生没有经济方面的后顾之忧的基础上，引导学生能够通过自己的劳动获取报酬，并最终通过自身的努力去完成学业。

对学生的资助工作只是为了能够让家庭经济困难的学生可以顺利完成学业，辅导员需要引导学生了解到资助不是目的，而是为了能够促使其成长成才，并能够通过自己的劳动和努力，对自己的未来负责。通过勤工俭学不仅可以帮助学生解决部分经济问题，还能够增强学生的劳动观念和劳动意识，即将资助工作由输入型向互助型推进。在对学生进行物质帮扶过程中，精神上培养学生并促进学生能力培养，最终克服不劳而获的思想，并利用自己学到的专业知识，通过诚实的劳动获取相应的报酬。

三、学生资助管理工作的主要内容

学生资助是为家庭经济困难的学生提供经济资助，以使学生能够免除后顾之忧从而更好地学习和成才，最终为社会做出贡献，成为社会未来所需的人才。辅导员的工作之一就是进行学生资助管理，主要工作内容是对家庭经济困难学生的认定与建档，并保证后续资助项目的正确实施，同时需要在学生的高校生涯中对学生进行思想引导和教育，促使其培养正确的人生观、价值观和世界观，并最终成才。

（一）资助学生认定与建档

学生资助管理工作的第一步就是要对资助学生进行认定，需要让有限的资金发挥出最大的效用。辅导员的这部分工作的目的就是要切实保证国家的资助政策和措施能够真正落实到家庭经济困难的学生身上。不过因为高校接收的学生通常来自全国各地，而不同地域的经济条件和学生的家庭条件也有所不同，所以各个地域对贫困家庭的标准也会有所不同。在这样的情况下，高校只能依靠学生生源地的民政部门、街道办事处或乡镇社区等来为学生出具相对应的家庭经济困难证明，但因为对学生进行的经济资助并非由生源地出资，所以很容易出现审查不严的情况。高校只能在证明的基础上，依据学生进校之后的消费水平和生活表现来对经济困难的学生进行认定。这就引发了学生为了获得资助名额而进行竞争的问题。因此，高校需要有一套科学的认定措施，具体可以从以下几方面实施：

1. 建立认定机构并建档

建立认定机构首先需要确定工作领导，以便全面领导高校对家庭经济困难学生进行的认定工作，可以由高校的学生资助管理机构负责组织和管理；其次需要建立认定工作组，可以分院系建立各院系的认定工作组，以院系领导为组长、学生辅导员为成员，负责对家庭经济困难学生进行审核；最后需要建立认定评议小组，可以分年级或分专业进行评议小组的组建，由辅导员担任组长，由学生代表担任成员，负责具体学生认定的民主评议工作，此小组成员可以根据学生数量进行合理的配置，但成员必须具备广泛的代表性。

建立好的认定机构需要将申报家庭经济困难的学生资料进行建档，并为后续的认定工作服务，在此过程中需要对建档资料及时进行更新，以确保内容的真实性。

2. 明确合理的认定标准

认定机构需要参照高校所在地居民的最低生活保障水平来制定严格、明确且合理的认定标准，并建立恰当的认定程序，以便完成后续对家庭经济困难学生的认定工作。可以根据高校所在地的经济情况，将认定标准设置为多个档次，分别为一般经济困难、中等经济困难和特殊经济困难等三个档次，并依据此认定标准来为学生进行最终的档次认定。

3. 规范学生的认定程序

通常家庭经济困难学生的认定工作，高校每学年会进行一次。高校需要严格按照认定程序来部署认定工作，充分发挥高校设置的多个机构，包括学生资助管理机构、院系认定工作组、年级或专业认定评议小组等，依据各自不同的职能，完成最终的认定工作。

（二）国家资助项目实施

学生资助项目之中，国家资助项目由国家财政出资设立，属于专门的资助项目，通常由国家根据各高校的学生人数和生源地的情况来确定资助金额，并且会对办学水平较高的高校或农业、林业、水利、地质、矿产、石油、核能等国家特殊需求的学科专业等进行相应的倾斜，即这类高校和学科专业会获得更多的资助。国家资助项目有四项主要内容，包括国家奖学金、国家励志奖学金、国家助学金以及师范生公费教育。其实施通常分为以下几个阶段：

第一阶段是根据国家相关文件和高校的实际情况，对不同的国家资助项目进行对应的评审和管理，尤其是国家相关文件不仅是国家资助项目的政策导向，同时也是一种潜移默化的引导，即能够引导学生向国家和社会所要求的方向发展。因此，在第一阶段高校可以让辅导员组织学生对相关文件进行学习和宣传，以便学生对政策导向有深入的了解。

第二阶段是高校根据不同院系对参评学生数量进行名额划定，并适当向品行端正、学习优异、自强自立、艰苦努力的学生进行倾斜。辅导员需要指导符合条件的学生根据自身条件进行申报，如实填写各种申请表。在此过程中，辅导员要引导学生向国家和高校要求的方向努力，并培养学生的感恩之心和诚信品质。

第三阶段是对申请学生进行评审和公示。此阶段的流程同样需要高校的各个资助管理部门参与，不过最终公示的名单需要呈报到全国学生资助管理中心进行确定，并按照隶属关系报送中央主管部门或教育厅和财政厅备案。

第四阶段是各中央部门和财政厅接到高校上报的名单后，在15日之内将资助资金全额拨付给高校。高校对资助资金进行统一发放，其中国家助学金通常由学校按月发放给学生或直接打入学生的伙食卡中，保障学生基本生活。在此过程中高校要加强管理并认真做好评审和资助资金发放工作，确保资助资金能够真正专款专用，用于资助品学兼优的贫困学生，同时要接受相关财政部门和主管机关的检查和监督。

（三）社会资助项目实施

社会资助项目是由金融机构、社会团体、企事业单位或个人出资设立的针对家庭经济困难学生的专项资助项目，通常根据出资者的意愿以及高校的实际情况进行资助方案的制订和实施。

社会资助项目的实施也分为四个阶段：第一阶段是为了规范管理社会资助项目和资金，确保项目正常实施，需要社会捐赠方和学校明确各自的责任和义务，并签订资助协议和相应的实施细则。协议书通常需要包括且不限于以下几项：一是明确社会奖学金和助学金的对象和实施范围；二是确定奖学金和助学金的金额、认定标准、资助人数以及相关期限；三是明确获得奖学金或助学金的学生的条件以及相对应的优先获得条件；四是明确奖学金和助学金的发放和管理模式；五是对获得奖学金或助学金的学生进行后续教育管理等。

第二阶段是社会奖学金和助学金的申请和评审标准，通常需要将社会奖学金和助学金的实施范围和对象以及标准等在参评的学生群体中进行宣传，使所有有资格的学生都能够有机会参与，然后鼓励所有学生根据条件进行申报。在评审过程中需要接受各方的监督，严格按照协议和实施细则进行评审。

第三阶段是确定审核后的学生名单后，高校需要根据捐赠方的意愿和需求，进行规模不等的奖学金和助学金颁发仪式，一方面对获奖的学生进行表彰，另一方面对捐赠方进行隐性宣传。社会奖学金和助学金比较适宜的发放形式是通过银行转账，不适宜采用现金发放，以避免发生不必要的意外。

第四阶段是高校和获取奖学金、助学金的学生需要及时向捐赠方反馈资助资金的发放情况和使用情况。这样做能够加强对资助管理机构的监督，可以令捐赠方及时明晰捐款的走向和运用情况，同时还可以在一定程度上培养学生的感恩精神。

（四）高校资助项目实施

高校资助项目就是高校按照国家的相关规定，从自身收入之中抽取一定比例的经费用于免除学生的学费、勤工俭学、校内无息借款等，这需要高校根据自身情况实施。高校对家庭经济困难的学生的资助主要有以下几种形式：

1. 减免学费

对家庭经济特别困难以至于无法缴纳学费的学生，可以享受国家制定的减免学费政策。例如，家庭经济困难的烈士子女及优抚家庭子女（包括退役军人、残疾军人、因公牺牲军人、现役军人等所有军人的子女）可以享受学费减免政策，同时可以在同等条件下优先享受国家和社会及高校所提供的各种资助；西部开发助学工程的学生，这是国家实施西部大开发战略帮助西部培养人才的工程化教育目标，即资助西部省区品学兼优、家庭贫困的优秀学生，减免其高校学费的50%，给予这批学生资助，并为其提供助学贷款等；家庭特别困难或家庭遭遇重大自然灾害的学生，可以根据学生具体情况减免其学费，尤其是一些因为遭受重大自然灾害导致无法缴纳学费的学生，以及孤儿和残疾学生等，会给予这些学生困难补助、优先安排勤工俭学机会，同时减免学费，保证其能够顺利完成学业。

2. 勤工俭学

勤工俭学是高校进行学生资助工作的重要组成部分，通常是学生在高校组织下利用课余时间进行勤工俭学，通过劳动来获取合法的报酬以支付学习和生活开支。勤工俭学不仅是资助家庭经济困难学生的有效途径，还是提高学生综合素质和锻炼学生职业技能、提高学生就业能力、培养学生职业道德和社会公德的主要途径。

勤工俭学需要建立在学生学有余力、自愿申请、信息公开、遵纪守法且竞争上岗的原则基础上，同时要保证扶困优先，即家庭经济困难的学生满足基本条件后可以优先获取勤工俭学机会。学生可以在保证不影响自身正常学习的前提下提交勤工俭学申请，并接受勤工俭学岗前培训和安全教育，然后由学校统一安排到校内企业或合作企业的岗位上进行适当的锻炼，并通过这种合法的工作方式获得相应的报酬。学校在安排学生勤工俭学时需要和学生的专业、学业有机结合，以鼓励学生从事智力型、科技型活动。高校需要按照国家的相关规定从高校收入之中提取一定比例的经费用于勤工俭学，可以建立勤工俭学基金，专门用于支付校内勤工俭学活动中学生的劳动报酬，此部分经费需要实行专项管理，不得随意挪用和挤占。

学校还可以通过和社会机构、企事业单位进行合作来为学生提供勤工俭学机会，如让学生在最后一学年进入社会机构或企业等用人单位进行实习。在此基础上，高校还可以和企业合作，逐步建立和完善半工半读制度，一方面实现学生资助，另一方面使学生能够更好地根据社会需求制订学习计划和调整学习方向等。

3. 困难补助

困难补助是针对获得国家助学金和助学贷款后，学习和日常生活依旧非常困难，或因为突发事件导致经济依旧困难的学生，高校可以根据学生的实际情况给予一次性困难补助。

通常这种补助主要用于以下几种情形：一是学生本身家庭经济困难，又遇到了突发意外事件，从而导致经济来源受到极大影响从而造成学习和基本生活无法得到保障；二是学生家庭经济困难，又遇到意外事件受伤或受疾病侵扰，生活无法保障而且支出变大，且家庭根本无力承担此部分开支；三是家庭经济特别困难，尤其是新入校学生，甚至在入学后根本无法满足基本生活需求，如进入寒冬却缺少御寒用品等。针对这种情况，高校需要采用人性化的资助管理，对学生进行适当的困难补助，使其能够顺利完成学业。

4. 绿色通道制度

为了保证家庭经济困难的学生能够顺利入学，教育部、发改委和财政部规定，各高校必须建立绿色通道，对家庭经济困难、被录取入学的学生，一律要优先进行入学手续的办理，在核实学生情况后，采取不同的方法对学生进行资助。

绿色通道需要保证畅通无阻，如在发放学生的录取通知书时需要附《高校学生家庭经济情况调查表》和相关证明来确定学生是否需要走绿色通道，符合绿色通道的学生可以先办理学费缓缴和入学手续。

高校可以根据学生的优势和特性有针对性地提供资助，如通过互联网平台进行资料收集和整理，并结合社会中的各种活动，按照学生的个人爱好和特长为其制订提升计划，促使学生能够发挥自己的优势，通过参加活动来获得奖励和资助等。另外，高校还可以根据自身特点，设立各种金额不等和学生专业及创新能力相关的研发奖励和奖学金及助学金，鼓励学生发展特长并进行创新，引导学生全面发展，在提高自身各方面素质的同时获得资助。

第三节　学生危机事件管理

一、高校学生危机事件的特点

高校中发生频率较高且影响较大的学生危机事件主要包括两类：一类是偶然导致的不可抗力事件，主要是各种自然灾害，如地震、洪水、火山喷发等，此类危机事件最需要做的是根据情况进行预演训练和针对性训练，如高校处于地震多发带时就需要有意识地对高校学生进行地震应急演练，在日常生活和教学中要注意进行地震灾害知识普及、地震预演排练等，避免遭遇地震灾害时学生无所适从，同时能有效保障师生安全。另一类则是人为导致的危机事件，包括校内安全事故（包括火灾、有害物化学泄漏等）、学生心理问题暴发、学生群体性活动、医疗事故及传染病暴发等。

不管哪类危机事件，都是以高校学生为主体，都会产生较严重的后果，尤其是人为导致的危机事件中，很容易在短时间内发生并演化成大规模事件，从而对高校正常秩序乃至社会秩序造成严重影响、冲击及危害。综合而言，高校学生危机事件具有以下几个特点：

（一）事件的突发性

事件之所以会突发，主要就是因为引发事件的源头问题没有得到很好的解决，之后进行积压并扩大化，最终在达到临界点之后突然爆发。也正是事件的突发性造成事件具体的发生地点、发生时间、产生的影响等都很难预测，而且当突发事件发生后，其变化会非常迅猛，具有很强的突然性和快速性。

（二）诱发因素多样性

随着社会的快速发展，全球化和信息化进程的不断推进，以及改革开放的日益深入，社会中充斥着各种信息和各类文化，这使各种思潮有了立足之地，并且随着互联网技术和通信技术的发展，各种思潮开始通过各种渠道传入高校。在这样的时代背景下，高校的学生自然会处于思潮的冲突、观念的碰撞、信息的交汇和体制变化之中，又恰好是对信息最为敏感的群体，再加上自身思想观念并不成熟，因此很容易引发各种问题。

外有各种社会变化和变革，内有学生的个性化和思维冲突性，内外因素的融合使高校学生很难在非常稳定的观念体系下快速成长，从而使学生群体很容易受到影响，进而诱发学生危机事件。通常情况下，高校学生危机事件是以一个具体的问题或事件、因素为诱因，之后在社会背景和学生特性的推动下，逐渐产生了量的积累，最终发生质变。这个在源头出现的问题、事件、因素就是学生危机事件发生的导火索。然而这个诱因并非固定，因此很难进行预测，最终这个诱因所引发的事件的态势、影响、规模、爆发节点等也都难以进行掌控，所以学生危机事件不但诱发因素具有多样性特点，而且引发的危机事件也具有多样性特点。

（三）事件影响的扩散性

当高校发生学生危机事件，其事件产生的原因和演变情况会很快扩散传播，从而引起社会的广泛关注，主要有三个因素：其一是教育历来都广受社会群体关注，作为培养社会人才的主要场所，高校受到的关注无疑更大，其不仅受公众关注，还受媒体和政府的关注，因此当高校出现学生危机事件时，很容易就会引起社会的反响并成为热点；其二是互联网时代来临，信息传播越来越便捷，再加上媒体的推动，很容易让事件快速传播，从而传播到整个高校所在城市，乃至全国；其三是现今学生的思想更活跃且主体意识更强，同时也更加个性化，所以作为事件主要参与者的学生会更愿意和敢于表达自己的意见和思想，加之学生群体本就思想发展不够成熟，因此在进行思想表达时很容易进行主观臆断，从而令小诱因无形中被放大，带来更严重的影响。

（四）事件后果的危害性

高校学生危机事件不管规模多大，也不论何种性质，都会产生非常大的危害，其危害性主要体现在社会危害、高校危害和学生及民众危害三方面。只要发生学生危机事件，受到冲击最大的必然是高校，不仅会影响高校正常的教学和生活秩序，甚至还会对高校的财产造成损失，对高校的声誉产生不良影响；如果事件涉及国内外重大政治问题或涉外事件，不仅会对事件出现的高校和城市产生影响，还极有可能会演变为更大规模的地域性或全国性事件，或者会产生极强的辐射效应引发更大的界别性事件，波及整个世界的相关领域，这就是所造成的社会危害；学生危机事件也有可能会引发相关矛盾的爆发，从而对社会乃至民众产生影响，极其容易造成大范围的心理恐慌，最终导致社会秩序混乱。

（五）参与主体的活跃性

通常高校学生危机事件的参与主体是大学生，其本身就具有非常强的思维活跃性，并且具有群体性和易受鼓动性特征，很容易被激发。正是因为这种思维活跃性，发生事件时学生能够对事件产生非常快速的反应，并受到群体性和易受鼓动性特征的影响，直接在不明所以的情况下积极参与，最终使事件越来越具有影响力。另外，大学生通常处在青年期，具备该年龄段特有的热情和冲动，因此很容易出现盲从行为，在事件诱因的推动和性格的影响下，大学生很容易用外部冲突的形式来解决问题，从而将个体的言语倾诉、行为干涉，发展为群体冲动和群体发泄，最终对高校和社会乃至自身造成极大的危害。

（六）处理事件的复杂性

高校学生危机事件具备诱因多样、扩散性强等特点，因此会对学生、高校、社会造成极大的影响，也正是因为这种影响波及范围很广，所以处理学生危机事件时不仅需要考虑高校的内部问题，还需要考虑高校与社会环境之间的关系，而这种关系通常既复杂又难以处理。

处理事件之所以复杂，主要有两方面的原因：一方面是学生危机事件的诱因有可能是一系列政治、社会、文化层面的矛盾及问题的积压和激化。这些诱因不仅会影响高校的稳定，在解决这些矛盾和问题时还需要耗费大量的时间，甚至会涉及多个社会领域，而且通常无法凭借高校的一己之力将其解决。另外在处理事件的过程中，学生群体通常会提出相应的要求，这些要求具备合理性，但通常也会带有一定的违法性，这就使处理事件的难度变得极高。

另一方面则是随着社会的快速发展，会形成学生家庭多样化、生活经历多样化、价值取向多样化的状态，最终造成学生群体呈现出多元化特性，这使高校内部关系以及外部关系都变得更加复杂，不但高校和社会之间的关系需要维护和处理，而且师生之间的关系、学生之间的关系、学生与家庭之间的关系等也需要维护和处理。再就是绝大多数学生对事件行为的合法性和合理性认识不足，明显具备法不责众心理，这些问题都使处理事件变得更加复杂。

二、高校学生危机事件主要类型

（一）政治类

政治类危机事件指的是事件背景带有浓厚的政治色彩，最主要的特点是群体性强、事件扩散速度快、社会影响大，通常事件中交织着多种矛盾冲突。一般事件先在学校内发生，然后由于学生的群体性，会快速扩散到其他学校乃至社会。政治类危机事件通常初衷很好，如爱国热情、民族团结等，但由于学生的盲从性和冲动性，很容易产生群体性聚集并在行为方面出现越轨。最具代表性的就是以爱国为由的各种抵制行为。

（二）自然灾害类

自然灾害类危机事件即高校遭受地震、洪水、泥石流、火山爆发、冰雹、海啸、台风等自然灾害，影响高校师生人身安全和高校正常秩序。因为自然灾害类危机事件是自然作用下产生的事件，所以其突发性和破坏性极强，尤其是地震等，很难准确预测其发生时间。通常情况下，自然灾害被称为不可抗力事件，高校人员极为聚集，发生自然灾害后不仅会对高校的建筑设施等造成极大破坏，同时还会造成严重的人员伤亡；而且自然灾害引发的危机事件还有一个特征，就是恐惧情绪蔓延，学生群体心理承受能力偏低，尤其在群体聚集后容易出现集体恐慌或集体失控的事件。

（三）公共卫生类

公共卫生类危机事件的特点是突发性强，尤其是未知传染性疾病发生很容易被忽视，但一旦暴发就具备传播速度快、传染范围广、危害性大等特点，包括传染病、食物中毒等卫生事件。

由于高校通常采用的是寄宿制，聚集性较强，尤其高校新生报到入学、开学集中返校等会极大增加学生的聚集和流动，所以很容易成为传染性疾病暴发的高危场所。

（四）学校管理类

学校管理类危机事件指的是高校内部管理过程中存在某些方面的问题，却没有得到及时且有效的解决和疏导，问题积压造成质变，形成危机事件，通常表现为学生群体反抗行为。

这类事件的出现主要是由于高校管理不善且处理不及时，同时大学生又较为冲动，很容易不顾后果采取一些非常规的方式来表达自己的需求和想法。相比较而言，学校管理类危机事件的预防和解决，主要靠的是高校自身能够高效管理，并及时对学生的合理需求进行综合考虑和解决。

（五）治安案件类

治安案件指的是违反治安管理法律法规但尚不够刑事处罚的各种行为，主要有校内人员实施和校外人员对校内人员实施两种事件。此类危机事件最大的特点是参与者少但影响恶劣，会严重破坏高校治安和秩序，如打架斗殴、绑架勒索、偷窃抢劫、网络攻击等。

（六）心理疾病类

高校中的大学生出现的心理问题绝大多数是心理困扰，只有少数学生存在心理障碍，极少数学生存在心理疾病。学生的心理问题不断积压，又得不到适当的疏导，就容易形成心理疾病，最终发生行为激化的危机事件。

（七）偶发类

偶发类危机事件主要分为两种：一种是校园设施安全引发的事件，包括实验室安全和建筑物安全等。实验室通常会有一些有毒有害物质，同时各种物质发生化学反应也容易产生有毒有害物质，稍有疏忽就很可能会出现不可控的事故；另外实验室有时还会进行各种生物类实验，如解剖等，有时因为生物类实验原料携带不易察觉的病菌或细菌等，若实验过程中操作不当，就容易引发危险。另一种是意外类事件，包括运动伤害、火灾、电灾等，都具有极强的偶然性。

三、引发学生危机事件的关键因素

（一）个人因素

高校学生危机事件有很大一部分最初都是由个人因素引起的，包括个人的心理、身体状况、思维情绪、认知等各方面。当代大学生享受了改革开放的成果，且恰逢互联网时代，各种信息、文化、思潮不断交织，因此对大学生的影响极大。大学生所处的时代造成他们的成长路上没吃过苦，因此自立自理能力都较差，且因为遇到的困难较少，生活顺畅，所以心理承受能力也较差；同时又因为处于互联网时代，大学生思维非常灵活且兴趣广泛，好奇心重又喜欢尝试新鲜事物，自我防范和自我保护意识相对比较淡薄。这就造成大学生辨别能力较差，对消极负面思想的抵抗能力较差，而且当今社会的竞争激烈，就业形势又极为严峻，所以学生承受了极大的心理压力。较差的心理承受能力和调节能力，再加上较大的心理压力，就会造成不同程度的心理问题和心理障碍。如果这些问题不及时进行疏导和解决，不仅会影响大学生的身心健康，还会成为危机事件的主要原因。

（二）家庭因素

在进入高校之前，绝大多数大学生主要的成长环境就是家庭，家庭环境对学生的成长乃至一生都有着基础性的影响。家庭教育并不具备系统化特点，不同的家庭会采用不同的教育方式，这种教育差异性是形成学生独特性格和道德品质的基础。长期家庭环境的熏陶会令大学生形成较为固化的性格、习惯的生活方式、特定的生活理念和不同的认知模式。

在家庭环境中，残缺的家庭结构、恶化的家庭关系、紧张的家庭氛围、父母的不当管教等，都会对学生的心理和行为产生重大影响，尤其是父母离异、家庭负债、家庭环境剧烈变化等情况，很容易引发学生心理的急剧变化，从而产生心理危机，进而引发行为危机，最终发展为学生危机事件。

（三）高校管理和服务因素

从全国高校扩招至今，高等教育在 20 多年的时间里发生了巨大的变化，尤其是高校规模和学生数量方面，都产生了较大的扩张，但教学内涵、人才培养模式、教学方法、教学内容等核心因素却无法快速匹配。而且绝大多数高校都是独立运作形式，不同的高校会采用不同的管理方式和服务模式。随着教育体制改革的深化，原本的经验式管理模式已经无法适应急剧扩大的规模，甚至有些高校缺乏服务理念。

在这种情况下，高校在进行管理过程中就容易存在问题得不到及时、快速、有效解决的情况，又因为服务意识淡薄，就容易对学生提出的问题不关注、不重视。当问题不断积压，就容易引发各种学生危机事件。

（四）社会因素

社会的快速发展同样会对高校以及学生产生巨大的影响，尤其是随着社会的转型和经济的发展，社会结构的重大调整，多元文化交汇使社会利益诉求也开始呈现出多样化特性，这些都对高校的安全稳定造成了一定的影响。例如，社会不同阶层的群体收入差距矛盾，必然会对高校产生影响，尤其是会触及高校师生的切身利益；同时，政治体制改革的推进也会对政治敏感的高校造成冲击，从而影响高校师生的情绪。

诱发学生危机事件的社会因素主要体现在三方面：其一是政治因素，即各种带有浓厚政治色彩的矛盾出现，对高校学生产生影响，从而引发危机事件；其二是环境因素，其中包括社会治安因素和自然灾害因素两种，社会治安因素主要体现在安全危机意识不足造成的治安漏洞，从而引发的学生危机事件，自然灾害因素则主要体现在地震、洪水等引发的高校环境设施遭受破坏、师生人身健康受到损害等事件；其三是经济因素，尤其是在经济状况不景气时，原本就业压力就大的学生就业会更加困难，就很容易引起学生的行为激化，从而出现示威、游行等事件。

（五）民族因素

中国是一个多民族国家，不同的民族有不同的文化、风俗和信仰，这种不同使人们在遇到经济利益矛盾、民事治安问题以及执行政策等过程中会产生不同的处理方式和不同的观念，也就容易出现矛盾和冲突，最终发展为危机事件。因此在执行各种政策的过程中，高校一定要妥善处理各种民族问题和关系，在大方向上必须维护民族团结和国家统一，在小方向上则需要及时解决民族问题，避免引发学生危机事件。

四、高校学生危机事件管理的基本原则和工作机制

高校学生危机事件通常会具有很大的危害性，而且涉及人员众多、声势浩大且影响广泛，一旦处理不当，很容易激化矛盾，从而造成更严重的后果。学生危机事件的危害程度取决于事件的影响范围和诱因的性质，同时还取决于高校以及辅导员对事件的认识，以及能否采用有效的预防措施和处理手段。辅导员作为与学生接触最多的角色，必须明晰危机事件管理的基本原则和工作机制，以便能够有效从源头上避免危机事件发生，另外也要能

够在发生危机事件时及时正确地应对。

（一）危机事件管理原则

学生危机事件管理需要从预防和处置两个层面把控，应该遵循以下几个原则：

首先，坚持以预防为根本并及时控制的原则。通常学生危机事件的诱因是一个较为基本的问题或事件，如果能够在诱因出现时就及时发现、及时报告并控制、及时解决，就能够将危机事件遏制在萌芽状态和初始阶段，避免对学生、高校和社会产生不利的影响。辅导员是学生在高校日常学习和生活中接触最多的人，辅导员需要根据对学生的了解，及时发现学生的心理问题和困惑，并进行心理疏导和心理健康教育，以便从根源上遏止学生危机事件的发生。若发生危机事件，辅导员需要迅速到现场，并迅速将相关情况向高校领导报告，还需要积极组织高校内部防控网络，将事件尽量控制在基层和学校内部，以便为解决问题或矛盾创造条件，尽量避免事件失控。

其次，坚持积极疏导并迅速控制事态的原则。在危机事件发生后，辅导员需要秉持尊重学生的原则，把握时机，及时对学生进行疏导。通常学生危机事件的诱因都和学生自身息息相关，辅导员需要打开学生的诉求渠道，用真心去接触学生，以引导学生将诉求表达出来，从而发现诱因，达到制止和平息事态的效果。

在此过程中，辅导员需要做到"三可三不可"，并防止"四个转化"。"三可三不可"即可散不可聚、可顺不可激、可解不可结。可散不可聚就是要尽量引导学生群体分散，并将群体意识逐步分解为个体意识，从而令学生个体能够逐步脱离群体并退出现场，达到阻止事态恶化的目标；可顺不可激就是以顺应和认可的方式去分析学生的问题，并促使学生表达诉求；可解不可结就是要尽自己所能对学生的诉求进行解决，并正视问题和矛盾的存在，即使无法快速解决，也需要稳定学生情绪。防止"四个转化"就是要防止个体问题转化为群体共性问题，防止局部问题转化为全局问题，防止经济问题转化为政治问题，防止非对抗性矛盾转化为对抗性矛盾。防止"四个转化"主要目的就是避免事态激化，需要根据问题和矛盾进行适当的弱化。

再次，要坚持区别对待并依法处置的原则。在处理危机事件时辅导员首先需要区分事件的性质，并根据事件性质实施对策，做到有理可依、有法可据。区分事件性质需要从三个层面进行，一是先从大方向对危机事件的诱因进行区分，辨明其归属哪类事件；二是需要冷静地寻找问题的症结，找到引发危机事件的主要矛盾和问题，这样才能有针对性地采取解决措施；三是需要梳理引发事件和卷入事件的学生构成，需要对不同的学生采取不同的应对措施，尤其是因为个体事件萌发激化形成的危机事件，需要将个体事件单独列出处理，而其他参与学生则需要动之以情、晓之以理，避免其卷入其中。

另外在处理危机事件的过程中，辅导员必须做到不能自乱方寸，要冷静面对并保持心理优势。在学生危机事件尚未大范围激化时，辅导员的介入必然会给学生群体一种对立的感受，这时就需要进行双方心理较量。辅导员需要有针对性地进行处理，保持镇定和冷静，避免鲁莽急躁，行为要以静制动、以冷对热，从而及时将事态控制在一定范围内；另外就是在和学生交流沟通的过程中，切忌随意承诺条件，以免授人以柄，陷入被动。辅导员不能为了压下危机事件就信口开河，甚至随意表态，而应该以缜密的思维和精准的表达，以逸待劳，避免事态激化。

最后，坚持统一指挥和联动响应的原则。此原则建立在高校建立起健全的危机事件预防和处置机构、工作机制和应急预案的基础之上，高校需要明确危机事件出现时各部门与人员的相关职责，并针对不同的事件设计对应的预防和处置预案，制定对应的控制事态和平息事态的保障措施。在建立健全的机制的基础上，发生危机事件要依托健全的机制快速联动响应，各部门和有关人员要及时按职责进入岗位，各负其责，开展工作，并接受统一指挥，确保事态能快速得到控制和平息。辅导员既需要接受高校的统一指挥，还需要成为学校领导层和学生之间的桥梁，及时将学生的诉求反映给学校领导，加强学校领导层和学生之间的沟通，以确保能够从根源上解决问题，降低事件对高校的危害。

（二）危机事件管理机制

高校危机事件管理机制的建立需要针对危机事件前、危机事件中和危机事件后三个不同阶段进行，尽量做到尽早发现、及时控制、妥当善后。

1. 建立危机预警机制

危机预警的前提是需要统筹和规划高校各个部门与人员在危机事件中的职责，还需要将应对危机事件的资源进行预先安排，并建立规范化操作程序。需要从以下几点入手：一是明确高校内哪些事件的发展容易引发危机事件；二是根据高校各院校特点，确定可能发生的危机事件情境并进行具体分类；三是根据危机事件情境的分类来设置相应的控制和管理人员；四是参考国内外各类高校危机事件处理的程序，制订和高校契合的危机事件处理方案。

在统筹和规划好具体事项后，辅导员作为危机事件预警机制的最前沿参与者，需要切实做到尽早发现，这就需要做好以下几项工作：一是在日常工作过程中，要保持高度敏锐性和洞察性，通过科学有效的方法及时掌控和收集各种可能诱发危机事件的信息；二是需要对收集到的信息进行分析和识别，即将这些有可能诱发学生危机事件的信息进行梳理和甄别，并及时核实情况，去除虚假信息并避免主观臆断；三是根据分析和识别，结合学生的基本素质、心理情绪、规模构成等情况，将核实的信息，诱发学生危机事件的可能性、发展趋势等进行评估和预测，以便进行应急响应准备；四是将可能诱发学生危机事件的信息及时汇报，要力求信息真实、详尽、准确，并将分析、评估、预测内容一同进行汇报；五是根据分析得到的信息，不论其是否会诱发危机事件，都要有针对性地对学生进行教育疏导，安抚和稳定学生的情绪，在合理的范围内尽量帮助学生解决问题，并随时关注学生情况，防止或减少危机事件的发生。

2. 建立应急响应机制

建立危机预警机制的目的是减少或避免学生危机事件的发生，但学生毕竟是鲜活的个体，其情绪和思维、个性及行为不可能完全可控，因此高校还需要在建立发生危机事件时，能够快速反应并快速处置的应急响应机制，以便在最短的时间内控制事态并解决问题。

建立应急响应机制是为了能够快速反应并快速做出决策，从而解决问题，因此信息传递得及时、准确与否，就成了决策及时、正确与否的关键。高校可以积极运用现代信息技术来保证信息的畅通，如通过QQ、微信、可视电话等，及时对危机事件的情况进行了解。辅导员可以通过以上信息技术传递相关信息，实现点对点的信息无缝对接，从而使危机处理人员能够拥有足够的信息进行决策处理。

另外，传统的汇报机制是层层汇报的形式，不仅浪费时间，还责权不清，容易错失事件处理的最佳时机，因此可以通过信息技术，采用扁平式信息流通架构来确保汇报及时有效，如辅导员直接对接校级或院系级危机处理机构。校级和院级危机处理机构彼此之间需要确保可以及时沟通交流并做出决策。若危机事件涉及社会因素，则校级危机处理机构需要及时向教育厅有关危机管理部门汇报，确保事态可控性。

3. 建立善后处理机制

通常情况下，学生危机事件一旦发生，即使能够及时处理并稳定和控制好事态，也会给高校带来一定的负面影响，因此高校需要建立善后处理机制，一方面为了快速恢复学校的正常秩序并稳定学生的情绪，另一方面则需要做好物质损失准备和学生心理辅导工作，巩固危机事件处理结果并避免矛盾再次激化。

善后处理通常需要从两方面进行：一是对卷入危机事件的当事人进行适当的处置，其中需要对造成危机事件的校内人员进行必要的教育和处罚。在此过程中需要严格遵守法律法规和校规校纪，若当事人触犯刑法，需要积极配合公安机关取证调查，决不姑息；另外则需要对危机事件的受害者进行妥善安抚和安置，若受害者受到身体伤害，要及时进行救治，尤其对于危机事件中的受害者，高校辅导员和相关领导需要及时探望并听取建议和意见，做好善后处理工作，同时还需要匹配相关的心理疏导工作，积极做好受害者心理辅导，引导其快速从事件带来的影响中走出来。

二是需要尽量减少危机事件对学校名誉产生的负面影响，以维护高校形象。在对外宣传的过程中，要积极引导媒体对危机事件进行客观真实的报道，而对内则需要积极开展学习教育活动，让全校师生全面了解危机事件的情况以及前因后果和处理情况，及时疏导师生的情绪和心理，消除危机事件所带来的心理阴影。

互联网时代，信息的传播速度空前迅速，因此高校的善后处理工作必须及时且准确。最佳的方式就是建立媒体发言人制度，在危机事件发生和处理之后，及时向媒体公布准确且全面的信息，这样远比封堵信息效果要好。在危机事件发生后高校需要派出专门的媒体发言人积极和媒体进行沟通，以快速消除公众对危机事件的质疑，并增进公众对危机事件处置结果的了解，最大化消除危机事件对高校所产生的负面影响。

五、高校学生危机事件的应对方法

辅导员作为高校学生教育管理工作的基层，在面对学生危机事件时必然是深入一线的工作者，为正确应对学生危机事件，还需要掌握一系列有效的应对方法，以便及时对事件进行处理和控制，为高校危机事件管理工作创造条件和机会。

（一）掌握信息

辅导员在日常工作中和学生的关系最为密切，因此工作过程中需要有意识地通过各种方式和途径充分掌握学生的状态和情况，掌握学生的信息，这样才能了解其心理状态、学习情况、生活状况、人际交往状况、思想状况、爱好特长、性格个性等。对学生了解越深入，辅导员就越能够把控学生参与或诱发危机事件的概率，同时还可以在此过程中对思想较为偏激、言行较为冲动、思想认识有偏差的学生进行重点关注并及时进行教育引导。

信息掌握越全面，在出现危机事件后越能够做到心中有数，从而有针对性地进行处理和疏导。辅导员可以通过互联网对学生进行深入了解，如对学生的朋友圈、动态等进行关注和了解，从而有效掌握学生的具体动态。

（二）及时报告

辅导员需要凭借自身与学生的密切关系，及时了解学生的要求和情感等，掌握第一手信息，从而把控学生的最新动态。通常情况下，若辅导员能够和学生处好关系，学生出现问题时第一时间想到的和联系的会是辅导员，这时如果辅导员能够对学生危机事件的苗头和趋势有把握，就需要及时进行汇报，并稳定学生情绪，避免事态恶化。另外，涉及学生危机事件的信息，辅导员通常无法独自进行处置，及时报告能够令高校应急机制快速反应并采取针对性措施。

（三）培养骨干帮手

辅导员需要积极培养学生干部来作为帮手，尤其是在出现学生危机事件后，辅导员要稳定学生情绪，引导学生提出诉求，还要避免事态恶化，甚至照顾每名学生，辅导员单独一个人难以做到，因此必须依靠帮手来协助自己的工作。辅导员在日常工作过程中，可以选择素质高、思想政治觉悟高、能力强的学生进行培养，还可以引导学生骨干一同参与学生事务管理，令他们体会到学校的工作意图和工作流程，并理解学校的难处等，这样在出现危机事件时，这些学生骨干就能够及时进行信息传达并稳定学生情绪。

（四）舆论引导

如今社会已经进入互联网时代，高校学生通常会通过网络发表言论、表达思想等，而且因为网络的便捷性和虚拟性，学生表达的内容等通常会更为真实，辅导员需要做好信息了解和舆论引导工作。辅导员可以有组织、有目的地引导学生进行网络上的探讨，解答学生疑惑，澄清事实，并正确引导学生的网络言论。在此过程中，辅导员还能够及时掌握学生的思想动态，尤其是学生危机事件发生时和处理后，辅导员需要及时关注网络信息，在职责范围内进行舆论引导，避免网络出现造谣和抹黑的负面信息。需要注意的是辅导员在进行舆论引导时，不能擅自发布未经学生个体授权的相关信息，避免因为信息发布问题激化矛盾。

（五）心理战术

通常情况下，学生危机事件的参与者众多，但参与时具体的心理状态不尽相同，辅导员在处理学生危机事件时要合理运用心理战术，以不同的处理方式来进行处置，以避免事态恶化。危机事件中参与者一般有两类心理：一类是持对抗心理的学生，这类学生数量较少但十分活跃，并具备一定的号召力，往往是事件的组织者或领导者；另一类则是持从众心理的学生，他们多数对事件后果顾虑较多，属于事件的附和者，但并非事件矛盾和问题的主要影响者。对于持对抗心理的学生，辅导员要主动协助危机处理机构设法将其与群体分开并进行个别教育；而对于持从众心理的学生，辅导员则需要从关心爱护的角度进行心理引导，避免其从众，从而尽量控制事件的规模，弱化事件的影响，为处置事件创造时机。

（六）争取家长配合

高校发生的危机事件中，有一些通常会引起学生家长的关注和反响，如政治性危机事件，家长会较为关注孩子的安全和情况；高校管理引发的危机事件，家长有可能会在幕后对学生进行支持。发生危机事件后，辅导员需要尽力发挥自身作为高校和家长沟通桥梁的作用，适时与学生家长取得联系并说明情况，尽可能获得家长的支持和配合，并引导家长对学生进行劝导，以控制事态。

辅导员在和家长沟通过程中，一定要注意方式方法，态度要端正、诚恳，以实事求是的态度向家长阐明事件的情况，将心比心，做好解释工作，并动之以情、晓之以理，以争取家长的配合。

第三章 高校辅导员的心理健康教育能力

第一节 高校辅导员心理健康教育能力概述

一、高校辅导员心理健康教育能力提升的必要性

（一）适应新时期高校思想政治教育工作的要求

加强和改进思想政治工作，要注重人文关怀和心理疏导，培育自尊自信、理性平和、积极向上的社会心态。把人文关怀、心理疏导写进报告，说明党和国家对人民群众身体和心理健康的重视程度越来越高。思想问题产生的根源不仅是世界观、人生观和价值观的问题，还有可能是由不正确的认知、不良情绪、人格异常等心理问题引起的，因此，辅导员提升心理健康教育能力可以消除大学生思想形成和发展过程中的心理障碍，消除学生对思想政治工作者的逆反心理，改进大学生思想政治教育工作的方式方法，最终有利于师生间和谐、信任和理解关系的建立，有利于促进大学生思想道德素质的提高。

（二）提高人才素质和人才培养质量

人才素质是指人们在先天生理的基础上，经过后天学习和社会实践形成的基本稳定的生理特点和思想行为以及潜在能力的总称。素质是指一个人能正确认识周围环境事物而生存，并挑战其环境事物而自觉贡献和服务社会的能力。它是个人全面发展的具体体现，既要有文化有内涵，又要心理素质高，也要身体素质好，在各方面综合发展。重视心理健康教育，注重培养大学生良好的心理品质和自尊、自爱、自律、自强的优良品格，并增强大学生克服困难、经受考验、承受挫折的能力。辅导员心理健康教育能力的高低将直接关系到人才培养质量的高低。因此，辅导员只有不断提高心理健康教育能力，才能深刻把握学生心理发展的规律和特点，改进工作方式方法，创新教育模式，真正培养出知识扎实、社会实践能力强和心理素质过硬的人才，全面适应未来社会的发展变化。

（三）满足新时期大学生成长发展的需要

随着我国高等教育的深化改革，高等教育已经由精英教育阶段发展到大众化教育阶段。面对社会转型和市场经济竞争激烈的现实，大学生们开始意识到良好心理素质的重要性，迫切希望加强自身心理素质的培养。如果我们能够充分发挥相对比较庞大的辅导员队伍的作用，利用辅导员工作的优势和有利条件，拓展辅导员的职业能力，培养其良好的心理健康教育能力，可以有效弥补高校心理健康教育师资的严重不足。在现实生活中，大学生群体的心理特点也迫切需要辅导员具备熟练的心理健康教育能力。可以说，辅导员心理健康教育能力的提升不仅能够对学生的心理困惑和心理压力给予咨询意见和正确指导，而且可以疏导学生的内心冲突和不良情绪，同时更能优化学生的心理品质，健全学生的人格，激发学生的心理潜能。

（四）提升辅导员的自身素质和教育管理水平

辅导员是大学生思想政治教育的骨干力量，位于大学生思想政治教育的第一线。辅导员队伍的整体素质和战斗力水平，直接影响高校德育工作的整体效果。目前，这支队伍在整体建设水平上还存在一些不足，其中一个重要问题就是他们的心理素质不够硬，知识水平和能力结构还不能很好地适应新时期大学生心理健康教育发展的需要。虽然他们的学历层次在不断提高，但他们的自我意识、自我调控能力、知识结构和教育管理能力等方面与所承担工作的要求还有很大差距，不仅自身的心理素质和健康水平亟待提升，还缺乏对学生开展心理健康教育的知识储备与咨询指导能力。因此，辅导员学习心理学相关知识，掌握必要的心理健康教育的方式方法与心理咨询技能，在深入把握大学生的心理发展规律与成长特点的基础上，了解大学生的心理需求，根据学生的思想动态和心理状况来开展相应的教育与引导，这不仅能够提升其自身的心理素质和心理健康水平，还有利于其队伍职业能力的拓展与提升。

二、高校辅导员心理健康教育能力的内涵

（一）心理健康教育能力的定义

心理健康教育能力的内涵丰富，外延广泛，理论界尚未对其有一个统一的定义。心理教育能力是符合心理教育活动要求，影响心理教育效率的个体特征的综合。

心理健康教育能力是在教育教学活动中，维护受教育者的心理健康，充分发挥其心理

潜能，培养其良好的心理素质和促进其个性全面发展的能力。心理健康教育能力，是指拥有心理学相关知识储备，掌握心理健康教育与咨询的方式方法，具备开展心理素质培养、优化和识别、处理心理危机的能力。

（二）高校辅导员心理健康教育能力

高校辅导员心理健康教育能力是指辅导员在拥有心理健康教育和咨询知识、技能的基础上，面向全体学生，以优化大学生的心理素质、维护心理健康为重点，开展心理健康宣传与教育、心理素质训练、心理辅导活动及心理危机干预与处理的能力。它是辅导员重要的职业能力之一，已经融入大学生日常思想政治教育的各方面。

三、高校辅导员心理健康教育能力的内容

高校辅导员心理健康教育能力包括基础能力和拓展能力，基础能力是辅导员开展大学生心理健康教育与咨询的必备能力，拓展能力是辅导员在心理健康教育与咨询基础能力上的进一步提升，同时各项能力之间具有互补性。

（一）基础能力

辅导员心理健康教育与咨询基础能力是开展大学生心理健康教育的前提与基础条件，只有具备这项能力，辅导员开展的心理健康教育才能持续、良性发展。否则，辅导员开展的心理健康教育只能停留在浅层或支离破碎的状态。辅导员心理健康教育与咨询基础能力主要体现在以下几方面：

1. 掌握心理学相关知识

心理学是一门研究人类的心理现象、精神功能和行为的科学，既是一门理论学科，也是一门应用学科。掌握心理学相关知识，特别是大学生心理健康教育的理论知识，能够让辅导员在工作中充分结合理论，更好地开展大学生心理健康教育与咨询工作，做到对行为进行准确观察，在适宜的水平上客观地描述行为，解释行为产生的原因，预测行为何时会发生，以达到调整不良行为的目的。

2. 自我认知

自我认知是心理学的重要内容，是对自己的洞察和理解，包括自我观察和自我评价。自我观察是指对自己的感知、思维和意向等方面的觉察；自我评价是指对自己的想法、期望、行为及人格特征的判断与评估，这是自我调节的重要条件。在日常生活中，如果一个

人不能正确地认知自我，看不到自己的长处，觉得处处不如别人，就会丧失信心，产生自卑心理；相反，如果一个人过高地评价自己，就会过于自信、盲目乐观，导致工作出现失误。因此，恰当地认识自我，实事求是地评价自己，是自我调节和人格完善的重要前提。

辅导员工作纷繁复杂、千头万绪，且是一门艺术性很强的职业。辅导员只有正确地认识自我，才能以一种积极的心态和高效的方式方法开展日常思想政治教育工作。辅导员的自我认知能力包括能够识别、表露自己的情感，能够调整自己情感的波动，能够不断探索自我，对自己职业的发展趋势有明确的认识，且朝着既定方向不断进取。辅导员只有对自己的身体、心理、精神等各方面有清晰的认知，才能在日常心理健康教育与咨询中做出准确判断，才能更好地开展心理健康教育与咨询工作。

3. 自控力

自控力是指辅导员在面对压力、干扰时，能保持良好的心态，能控制自己的情绪保持冷静，防止不适当言语和行为发生的能力。可以说，辅导员的自我控制能力直接影响心理健康教育与咨询的效果。因为带有任何负面或倦怠情绪的心理健康教育与咨询，都不能达到应有的帮助求助学生的效果。有可能会适得其反，对求助的学生产生伤害，影响其健康成长。

4. 共情

共情是一种能设身处地体验他人处境（包括他人的感受、需求、欲望、恐惧等），从而感受和理解他人情感的能力，更是一种体验别人内心世界的能力。辅导员的共情能力主要包括学会倾听、准确感受他人、准确理解他人的能力。学会倾听不仅指听取其口语表达的内容，还包括观察学生非语言的行为，如动作、表情、声音和态度等。在倾听的基础上，辅导员才能准确推断学生的感受、信念和态度，并把这些感受、信念和态度有效地传达给对方，求助的学生才会真正感受到教师对他的理解，从而产生一种温暖、被接纳及舒畅的满足感，才能更充分地倾诉，使心理健康教育与咨询产生应有的效果。

5. 概念性思考

概念性思考主要是指应用分析、综合、归纳、演绎的方法来处理被考察事物，通过形成概念来代表被考察事物，以及通过形成概念之间的关系来代表被考察事物之间的相互联系的一种思维方法。辅导员在开展日常心理健康教育与咨询工作的过程中，求助学生的表达有时会不清楚、混乱，甚至会沉默。要使问题清晰化，突出咨询的本质问题，辅导员应该具有概念性的思考能力，学会找出不同情况之间的联系和复杂情况中的关键问题，能够利用分析、综合、归纳、演绎或推理等方法深化咨询的内容，进而做到深层次的教育与引导。

6. 语言表达

语言表达能力具体是指用词准确，语意明白，结构妥帖，语句简洁，文理贯通，语言平易，合乎规范，能把客观概念表述得清晰、准确、连贯、得体的能力。辅导员心理健康教育与咨询工作，更多地体现在交流和引导上。因此，辅导员的语言表达能力在工作中的重要性毋庸置疑。辅导员在教育学生的过程中，应努力提高个人的语言表达能力，做到以下几方面：多听，是在与别人交流的时候多听别人的说话方式，从中学习其好的说话技巧，从而提高自己的语言表达能力；多读，是多读好书，培养好的阅读习惯，从书中汲取语言表达的方式方法和技巧，不断增加语言的素材；多说，并不是乱说，而是有准备、有计划、有条理地去说，或者是介绍，或者是演讲，要说得好、说得精彩，必须有充分的准备，而这一准备过程和实际说的过程，就是在练习语言表达的过程；多写，是平日里养成多动笔的习惯，把日常的观察、心得以各种形式记录下来，定期进行思维加工和整理，变成自己语言表达的素材。

7. 尊重他人

尊重他人是指在价值、尊严、人格等方面与来访者平等相待，把来访者作为有思想感情、内心体验、生活追求、独特性与自主性的活生生的人去对待。尊重应当体现为对来访者的现状、价值观、人格和权益的接纳、关注和爱护。辅导员应充分尊重前来求助的学生，能够让学生感受到被尊重、被理解、被接纳，进而获得一种自我价值感。另外，尊重能够让学生对教师产生信任感，强化咨询动机，端正合作态度，增加咨询的主动性、自觉性等，进而创造一个安全、温暖的咨询氛围。辅导员尊重求助的学生主要体现在两方面：一是真诚，辅导员应拥有真诚的心、真诚的情感和真诚的态度；二是无条件地积极关注，即无条件地关怀，不但包括长处，也包括短处。

8. 培养他人

辅导员心理健康教育与咨询工作的最终目标是培养学生，促进学生成长、成才，主要包括两方面：一是优化学生的心理品质，充分挖掘学生的潜能。辅导员主要利用心理学的相关知识和技能，关注大学生积极的、正性的一面，提高其自我成长能力，面向全体学生，改变传统中关注少数群体和注重治疗的现象。二是心理危机识别和干预能力。立足教育，重在预防，以积极识别与干预为手段，增强大学生克服困难、承受挫折和应对危机的能力。

9. 影响力

影响力是指辅导员在开展心理健康教育与咨询工作的过程中采用言语教育（安慰、建议、劝告）和非言语教育（榜样示范）的方式方法，引起受教育者做出预期反应的感召力量。它在本质上体现的是辅导员内在的人格魅力与能力，也是在教育和引导学生中表现出的一种人格力量，这种力量是无形的、自然而然的，是一种境界，时刻影响着周围的学生。影响力不是说有就有的，但它是可以逐步提高的。首先，辅导员的影响力主要体现在自身内在修养的提升；其次，辅导员的影响力体现在日常的点点滴滴中，对大学生群体而言，他们认为辅导员值得信赖，拥有令人景仰的品格，而且他们会认为辅导员是他们生命中有影响力的人。如果他们的认识越深，辅导员的信用越好，那么辅导员的影响力提高得越快。

（二）拓展能力

1. 心理健康宣传与普及能力

辅导员开展心理健康教育与咨询工作的目的是提升大学生的心理素质，因此，面向全体学生进行心理健康宣传与普及工作是非常重要的，这就决定了辅导员在开展工作时必须具备心理健康教育知识的宣传与普及能力。首先，辅导员应拥有正确的宣传理念。除了宣传心理健康教育的知识和技巧外，更能营造一种人人关注心理健康的氛围，引领一种人人关注心理健康的潮流，让大学生群体能够主动关注自己的心理健康，感受自己的心理状况。因为有了这种意识，大学生就会不断寻求途径优化自己的心理素质，遇到心理困惑或问题时也不会遮遮掩掩，能主动求助，把问题消除在萌芽状态。如果辅导员仅仅停留在简单说教上，不但达不到应有的效果，还有可能会造成学生逆反心理的出现。其次，辅导员心理健康教育的宣传与普及工作必须通过一定的途径来开展，包括具体的活动载体等。而具体的宣传教育途径的选择与实施，直接影响整个宣传教育的效果。因此，辅导员在进行心理健康教育宣传与普及工作中，应拥有提前谋划、认真组织实施和效果及时反馈分析等能力。再次，辅导员应积极创新宣传的方式方法，开展具有专业特色的活动，让心理健康教育变成适合大众且容易操作的教育活动，起到应有的宣传教育的效果。最后，辅导员应积极利用新媒体载体，如利用网络进行心理健康的宣传教育，创造"线上"和"线下"教育互动的良好局面。

2. 团体心理辅导与咨询能力

团体心理辅导是指在团体的情境下进行的一种心理辅导形式，它是通过团体内的人际交互作用，促使个体在交往中观察、学习、体验，认识自我、探索自我、改善与他人的关系，学习新的态度与行为方式，以促进良好的适应与发展的助人过程。与个体咨询相比较，团体心理辅导与咨询会有更多的成员参与，因而辅导员在开展团体心理辅导时会面对来自多个成员的依赖、挑战、移情等，处理的难度很大。如果误用、滥用和盗用团体心理咨询，不仅会使团体成员蒙受伤害，学习到错误的行为，加深其自卑感和挫败感，会破坏团体心理咨询的专业信誉。因此，从事团体心理咨询的辅导员在具备个体心理健康教育与咨询基础能力的同时，必须不断充实团体心理咨询的专业知识，掌握团体心理咨询的技巧，了解团体发展的过程，才能组织和实施有效的团体活动，协助成员真正地解决问题，促进他们在彼此互相接纳的气氛中获得成长。

3. 心理危机识别与干预能力

心理危机是指由于突然遭受严重灾难、重大生活事件或精神压力，使生活状况发生明显的变化，尤其是出现了用现有的生活条件和经验难以克服的困难，以致使当事人陷于痛苦、不安状态，常伴有绝望、麻木不仁、焦虑，以及自主神经症状和行为障碍。从一般意义上来说，心理危机包括发展性危机、境遇性危机和存在性危机三种类型。发展性危机是指个人在正常成长和发展过程中，对急剧的变化或转变所产生的异常反应，如考试失败、心理危机等。这些危机是大学生生命中必要和重大的转折点，每一次发展性危机的成功解决都是大学生走向成熟和完善的阶梯。境遇性危机是指突如其来、无法预料和难以控制的心理危机，如交通事故、家庭重大变故、自然灾害等。存在性危机是指一些人生中的重要事件出现问题，而导致个人内心的冲突和焦虑，是伴随重要的人生目的、人生责任和未来发展等内部压力的冲突和焦虑的危机。可以说，几乎每一个人在成长过程中都会经历心理危机，但只要识别及时，并进行必要的干预，心理危机就不会导致极端行为。因此，辅导员对心理危机的识别能力是干预心理危机的前提，这要求辅导员要有敏锐的洞察力和敏捷的反应力，调动各方力量及时快速识别学生的心理危机。此外，识别心理危机后就进入了心理危机的干预和处理阶段，这要求辅导员应拥有充沛的精力，具备处事不惊的能力、危机预警能力和应激能力，最终通过多方力量帮助学生顺利化解心理危机，促进其健康成长。

第二节　高校辅导员心理健康教育能力的标准与体系

一、高校辅导员心理健康教育能力的细化标准

（一）高校辅导员职业能力标准概述

为进一步加强高校辅导员队伍建设，推动高校辅导员队伍专业化、职业化发展，提升

大学生思想政治教育工作的质量，《高等学校辅导员职业能力标准（暂行）》得以制定。本标准规定高校辅导员是履行高等学校学生工作职责的专业人员，要经过系统的培养与培训，具有良好的职业道德，掌握系统的专业知识和专业技能。此文件是国家对高校辅导员专业素质的基本要求，是高校辅导员开展学生工作的基本规范，是引领高校辅导员专业化、职业化发展的基本准则，是高校辅导员培养、准入、培训、考核等工作的基本依据。此标准把辅导员的职业功能划分为九大领域，每个领域又细分为三个职业等级。辅导员职业功能的九大领域涵盖了辅导员日常教育与管理工作的各项内容，且在辅导员具体工作中互相呼应与融合。初级辅导员的职业标准所涉及的九大领域的工作内容是辅导员开展日常工作的主要内容，因此初级辅导员职业标准所规定的相关内容及能力要求，辅导员必须都要具备。辅导员经过入职培训并取得相应证书后，开始从事辅导员工作。

由于辅导员工作的性质，决定了其必须具备思想政治教育工作相关学科的宽口径知识储备，但目前辅导员的专业结构背景复杂且没有特定要求。因此，入职后的辅导员必须经过知识重组，逐步了解马克思主义理论、哲学、政治学、教育学、社会学、心理学、管理学、伦理学、法学等学科的基本原理和基础知识，才能胜任工作。由于辅导员的个体差异，初级辅导员的一般工作年限为 1~3 年，经过理论知识积累和实践探索，辅导员的知识能力得到提升，中级辅导员职业标准是辅导员职业化与专业化的重要基础。中级辅导员的一般工作年限为 4~8 年，具备一定的工作经验，培养了较强的研究能力，积累了一定的理论和实践成果。中级辅导员职业标准除涵盖初级辅导员职业标准的内容要求外，在各项职业能力上有了更高的要求，中级辅导员的职业标准所涵盖的工作内容及能力要求也是辅导员必须拥有和具备的。辅导员在工作生涯中，由于相关知识的积累及技能的提升，逐步向专家化方向发展。当然，由于局限性，辅导员不可能在所有领域都能实现专家化发展，但可以根据个人专长和特长，选择某一领域进行深化理论研究和实践探索，逐步发展自己，进而取得相关要求的能力和科学研究成果。因此，标准规定高级辅导员的一般工作年限为 8 年以上，具有丰富的实践经验、较高的理论水平和学术修养。高级辅导员的职业标准除涵盖中级辅导员的职业标准的内容要求外，还要在思想政治教育工作的某一领域有深入的研究并产生有影响力的成果，成为该领域的专家。

（二）高校辅导员心理健康教育与咨询能力标准

辅导员心理健康教育与咨询能力是辅导员重要的职业能力之一，因为辅导员心理健康教育涉及大学生的生活、学习、人际交往、职业生涯规划和就业等各个领域，且随着社会的发展，心理问题在各个领域更加凸显。因此，加强大学生心理健康教育，细化辅导员心理健康教育与咨询能力标准，是辅导员明确职业能力和提升工作实效性的重要举措。

1．初级标准

（1）协助学校心理健康教育机构开展心理健康筛查

心理健康教育机构是我国高校实施大学生心理健康教育的组织保障。关于心理健康教育机构名称的确定，目前国内高校中大体有以下几类：大学生心理健康教育中心，大学生心理咨询中心，大学生心理健康教育与咨询中心，大学生心理健康指导中心，大学生心理健康教育与服务中心，大学生心理咨询与辅导站，大学生心理测评中心，大学生心理健康研究中心等。在心理健康教育机构的设置上，高校中的心理健康教育机构绝大多数设于学生工作处（部）。从工作机构的定位来看，心理健康教育是德育的重要组成部分，必须结合学生学习生活的实际去开展。因此，大学生心理健康教育不仅是组织机构工作人员和心理健康教育专业人员的事，而且是辅导员工作队伍的职责，这项工作更多体现的是合力，具有很强的互补性。目前，每一年新生入学时，高校心理健康教育机构都会组织学生进行心理健康普查及定期心理健康筛查等工作。由于辅导员是学生直接的教育者和管理者，辅导员在具体工作中应认真组织、协调、协助机构工作的开展，及时与机构工作人员及专业人员联系，在专业人员的帮助下，初步了解所带学生的心理特点，建立学生的心理健康档案，了解学生心理异常的判断标准及学校心理健康教育的教育性原则、全体性原则、差异性原则、主体性原则、整体性原则和保密性原则等。

（2）对学生进行一般心理问题的排查和疏导

具备辅导员心理健康教育与咨询的基本能力，掌握心理学相关知识，特别是积极心理学和大学生心理健康教育等理论知识，对学生进行一般心理问题的排查和疏导，熟悉大学生常见的发展性心理问题，掌握心理咨询的方法、技巧（具有良好的自我认知能力，掌握倾听、共情、尊重等沟通技巧），拥有良好的概念性思考和语言表达，从而促进大学生形成健康的心理和健全的人格。在日常工作的开展中，辅导员要能够与大学生建立积极有效的师生关系，并拥有一定的影响力，积极帮助学生调适一般的心理问题。

（3）组织开展心理健康教育宣传活动

心理健康教育宣传活动的开展对于增强大学生的心理健康意识、丰富大学生心理健康方面的知识具有重要意义，它是大学生心理健康教育的一种显性教育方式，可以让学生直接接触和感知，并能通过参与活动切身体验，从而让大学生有针对性地对照自身。辅导员在实际工作中，应结合学生专业、年级和思想实际，组织开展形式多样的心理健康教育宣传活动，如举办心理健康讲座、设计心理知识宣传展板等，或组织学生参加陶冶情操、磨炼意志的各种文体活动，如心理知识竞赛、心理视频电影观后感分享等，从而提高学生的心理健康水平。

2. 中级标准

（1）专业知识与技能的掌握

心理咨询师是协助来访者解决各类心理问题的专业人士。心理咨询最一般、最主要的对象，是心理健康的人群或存在一般心理问题的人群。心理健康的人群会面对家庭、择业、求学、社会适应等问题，期待做出理想的选择，顺利地度过人生的各个阶段，求得自身能力最大限度地发挥和寻求生活的良好质量。心理咨询师可以从心理学的角度，提供中肯的发展咨询，给出相应的帮助。高校辅导员工作虽与心理咨询师工作的性质存在较大差距，但在具体工作中离不开心理咨询的知识、技能及技巧。通过相关专业培训，高校辅导员要掌握基础心理学、社会心理学、发展心理学、变态心理学、健康心理学、心理测量学、咨询心理学等基础知识，了解心理诊断技能、心理测量技能和心理咨询技能等操作技能。

高校辅导员要能对一般心理问题、严重心理问题和神经症性问题等进行初步识别，了解转介心理咨询中心或精神卫生医院的适用条件和相关程序。

（2）心理测量的实施

心理测量是根据一定的心理学相关理论，使用一定的操作程序，遵循一定的规范，对人的行为及心理属性予以量化。心理测量可以为心理咨询或治疗提供参考，帮助咨询者与来访者明确心理问题的表现及其产生的原因，从而更有针对性地解决问题。辅导员在开展心理测量的过程中，需要在专业人士的指导下，根据一定的心理学理论知识实施，并对测量出的结果进行正确解读和反馈。但需要注意的是，不能一味地依据测量的结果就对学生的某些问题予以定性，因为测量的结果只能供参考，不能绝对化和完全依赖，因为人的心理特征会在不同时期、不同心境以及不同背景下发生变化。

（3）有效开展学生心理疏导工作

大学生在学习、生活以及人际交往等方面会面临诸多选择，当他们出现一些无法或难以处理的问题时，便易出现一些心理问题，辅导员要主动承担起维护学生心理健康的责任，既能协助相关部门处理类似问题，又能主动有效地开展心理疏导工作，帮助学生调节情绪。辅导员需通过走访学生宿舍、深入学生课堂、与学生聊天等，了解学生的生活、学习和人际关系状况，增强与学生的情感交流，利用情感优势引起学生的心灵共鸣，适时为学生创造不良心理的宣泄途径，引导学生合理解决问题，把心理问题扼杀在萌芽中。

（4）初步开展心理危机的识别与干预

心理危机是大学生危机事件中占据比重较大的一类危机，主要是由心理疾病和心理问题引发的，辅导员对大学生心理危机如果能够进行有效识别和干预，就可以防止危机事件不良后果的发生，从而更好地维护学生的心理健康，促进校园和谐发展。辅导员要主动学习心理学相关理论知识，能识别大学生心理危机的症状并进行初步评估，且能配合学校、协助专家开展相关的心理危机干预工作。

（5）相对系统地组织开展心理健康教育活动

加强大学生心理健康教育是新形势下全面贯彻党的教育方针、实施素质教育的重要举措，当前教育对象和环境的特点、高校的育人目标决定了辅导员必须扮演好学生身心健康发展的培育者角色，帮助大学生形成健全的人格，提高心理健康水平。辅导员是对大学生实施心理健康教育的主体力量之一，辅导员要发挥自身优势，善于借助学生干部的力量，通过培养心理委员、宿舍长、班干部等方法，培养学生自我管理、自我救助和朋辈互助的能力；充分利用网站、论坛等新媒体渠道了解学生的心理动态和心理需求，设计相对系统的心理健康教育整体方案；利用心理测试、心理咨询等手段，组织各种有益活动如爱心访谈、困难生帮扶等有目的地引导学生融入集体；利用学生社团组织开展形式多样的心理健康教育活动，塑造学生健康的心理。

3. 高级标准

思想政治教育与心理健康教育，二者既有区别又有联系，相互作用又相互影响。心理健康教育与思想政治教育具有一致的价值目标，健康的心理是促进思想政治教育内容内化为信念的重要因素，而思想政治教育的内容必然会经过受教育者心理过程的选择，当受教育者对思想政治教育的内容形成一种需要的心理时，教育内容才能内化为信念，可以说，二者相互依赖。因此，作为符合心理健康教育与咨询能力高级标准的辅导员，既是思想政治教育的骨干力量，又是心理健康教育方面的专家，能总结凝练实践工作经验，深入研究心理健康教育的规律。

辅导员要加强心理健康方面的培训，提高相应的工作能力，能进行危机评估、实施干预、妥善预后及跟踪回访；能够为学生提供心理咨询服务；开展心理健康方面的研究，形成相关的研究成果，在具有影响力的学术期刊上以第一作者身份发表5篇以上心理健康教育相关领域的学术论文；能够熟练利用理论和实际经验指导辅导员开展心理健康教育工作；能够为高校辅导员提供有效的心理健康教育培训；能讲授心理健康教育公共选修课。

二、高校辅导员心理健康教育能力结构模型与考评体系的构建

高校辅导员心理健康教育能力是高校辅导员的核心能力之一，结合当前大学生群体的特点，需要心理辅导的大学生比例也越来越高，这对高校辅导员的心理健康教育能力提出

了挑战。那么，如何衡量高校辅导员的心理健康教育能力呢？这就要求我们构建心理健康教育能力结构模型和基于模型的考评体系。

（一）高校辅导员心理健康教育能力结构模型的构建

根据国家对当前人才培养的要求和当代大学生的特点，高校心理健康教育工作日益重要，对高校辅导员心理健康教育能力的要求也越来越精细化，结合大学生心理健康工作的实际，高校辅导员需要构建心理健康教育能力的结构模型。

高校辅导员要做好大学生心理健康教育工作，首先，自身必须具备充分的心理学理论知识，具备正确的自我认知能力、较好的自控力及自我调适能力；其次，大学生心理健康教育工作在学生工作中属于咨询服务类，工作对象是在校大学生，他们有知识、有独立思考能力、信息来源较广，这就要求辅导员要有较强的社交能力和熟练的谈话技巧，而这些统一归纳为高校辅导员心理健康教育能力的基础能力，也就是一级指标。它分为两方面：一是自我发展能力；二是影响他人能力。一级指标中的另外一个考察方向是拓展能力，它是高校辅导员对基础能力的应用，也是做好心理健康教育的关键一环，关系到能否有效做好大学生心理健康教育工作。二级指标中的心理健康宣教能力、心理健康活动组织能力和心理咨询能力是大学生心理健康教育所必需的专业能力，它的提升建立在一定的心理学知识基础和具体的大学生心理健康问题的处理实践上。

根据高校辅导员心理健康教育工作的要求，从一级指标到二级指标再到三级指标，每一个下层指标都是对上层指标的分解和细化，上层指标包含下层指标，指标明确、层次清晰，详细分解了高校辅导员心理健康教育能力的内容。

（二）高校辅导员心理健康教育能力考评体系的构建

高校辅导员心理健康教育能力的结构模型是基于心理健康教育工作的实际构建的，模型构建的重要意义是能应用于实践。根据模型可知，要重点加强高校辅导员的基础能力和拓展能力的培养，才能有利于高校辅导员开展大学生心理健康教育工作；模型构建的根本目的是应用，基于此，辅导员心理健康教育能力考评体系的构建应该是在辅导员心理健康教育能力结构模型的基础上，通过考评各个指标，正确评价辅导员的心理健康教育能力，促使辅导员扬长补短、全面培养，从而促进大学生心理健康教育工作的有效开展。

1. 高校辅导员心理健康教育能力考评体系的构建思路

高校辅导员心理健康教育能力考评体系的构建要从校情实际出发，要遵循科学性、完整性、有用性的原则，要能真正应用到实践中，起到科学评价辅导员心理健康教育能力和督促辅导员心理健康教育能力提高的作用。根据这一目标，首先，要确定考评体系中的一级项目，然后在一级项目的基础上不断深化，细分出二级和三级考评子项目；其次，考评体系建立后要先进行实践检验，能达到考评体系的目的才能使用，经过调研、实践、修正、再实践等才能最后确定考评体系；最后，数据统计要科学、有效，考评的直接结果是大量的数据，数据要经过分析处理才能评价辅导员或比较辅导员心理健康教育能力的高低。考评体系的构建和应用要和辅导员的心理健康教育工作的实际及辅导员自身相结合，才能有效激发辅导员心理健康教育工作的激情，切实提高辅导员心理健康教育工作的成效。在考评的基础上，奖惩分明，制度合理、公开、明确，不能似是而非、模棱两可，以免降低考评工作的可行性和有效性，做到这些才有可能发挥考评的作用，促使辅导员找出自己的差距，找准努力的方向，在辅导员之间形成学、赶、超的良好工作氛围，也为学校树立高校辅导员心理健康教育工作的先进典范提供有力依据。

2. 高校辅导员心理健康教育能力的考评方法

高校辅导员心理健康教育能力的考评方法有多种，不同的考评方法对辅导员心理健康教育能力考评的侧重点不同，考评体系构建的关键在于考评方法的选择。根据不同的考评目的，选择恰当的考评方法，也可以综合运用多种考评方法对辅导员的心理健康教育能力进行综合全面的考核，从而给出合理公正的评价，这样才能对辅导员心理健康教育工作起到促进作用，这也是考评的基本出发点。

（1）量化考评法

根据辅导员心理健康教育能力的结构模型，辅导员的心理健康教育能力的考评层次按照基础能力和拓展能力及其各自的子能力进行量化，对考评内容的评价都以数字的形式体现，考评的直接结果是获取很多和量化指标相对应的数据，然后对数据进行统计分析，最后根据分析结果评价辅导员心理健康教育能力的高低。这种量化考评法实际是采用统一的考评标准衡量辅导员的心理健康教育能力，优点是准确、受参评人主观因素的影响小。

（2）现场考评法

量化考评法的优势是数据具有精确性和可比性，但是也有其不足之处，比如量化考评依赖各项子能力和参评对象的权重分配，实际上也存在不准确性；另外，辅导员本身作为被考评主体不能参与对自身的评价，处于被动的状态，量化考评是从辅导员之外的视角考虑，缺乏一定的公正性，而现场考评则恰好弥补了这一缺陷。对辅导员心理健康教育能力的现场考评可以采取多种方式，辅导员作为被考评的主体，可以在现场充分地展示自己，充分体现在考评中的主动性。比如，在辅导员技能比赛中常用的大学生心理健康问题案例分析法，考察辅导员对某一类型的大学生心理健康问题的认识、处理及启示等，主考官记录被考评者对案例的分析理解情况；也可以设定谈心谈话活动，再现心理健康教育或心理咨询的情景，辅导员和学生进行一对一谈话，考察辅导员运用心理健康知识的能力、谈心谈话技巧、应变能力等，主考官对辅导员的表现情况进行记录；也可以采取辅导员召开心理健康教育方面的主题班会的形式，考察辅导员对班会方案的策划能力、号召力、语言表达能力等。另外，也可以借用人才招聘中常用的面试法，提前设定几个问题，采取一问一答的方式进行考察。

现场考评的结果可以使用打分制和定性评价。打分制可以使用得分制，即对辅导员每一模块的表现进行打分，总分为每一模块得分的总和；也可以采用满分扣除制，设定每一模块的满分值，针对辅导员在现场考评中表现较差的地方进行减分。定性考评是对辅导员的表现不进行具体的评分，只进行等级评价，比如优秀、良好、合格、不合格等。

3. 考评数据统计分析

考评体系得以发挥作用的关键在于对数据的合理分析和处理，并根据数据分析对辅导员的心理健康教育能力进行纵横比较，合理评估，达到辅导员心理健康教育能力考评体系设计的最终目标。不同的统计方法，获取的考评信息也不尽相同。下面将介绍几种常用的数据统计分析的方法及其作用：

（1）排序分析法，用于个体间横向比较

排序分析法是指将所有辅导员心理健康教育能力的有效综合成绩及其子能力的考评成绩按照数据大小排序，一个被考评的辅导员对应一组考评数据，考评成绩的排列顺序能够反映相应的辅导员心理健康教育能力的综合成绩或子能力成绩的高低。这种排序分析法可以用于参评个体之间心理健康教育能力横向的比较，参评个体之间心理健康教育能力的差异可以通过个体间得分的差值大小来体现。排序分析法要求计算每位参评个体心理健康教育能力的综合成绩及各项考评子能力的成绩，考评数据的汇总需要经过多步计算。

排序分析法一般以折线图的形式呈现，具有直观、一目了然的优点。折线图可以同时分析综合成绩排名及各子能力的排名情况，这样既可以获得所有被考评辅导员心理健康教育能力的对比情况，也可以获取单项子能力对辅导员心理健康教育能力综合成绩的影响程度。

（2）比较分析法，用于衡量考评指标间的均衡程度

比较分析法是将指定的心理健康教育能力项目的考评成绩转化为得分率。比较分析法可以利用数学统计图中的柱形图，柱形图比较直观，较适合用于被考评辅导员之间的横向比较与分析。

（3）趋势预测法，用于衡量能力的稳定性

趋势预测法是指对某一被考评个体在某一时期内的多次考评成绩进行对比分析，通过

每次成绩相对于平均值的差异变化大小，对被考评个体的未来发展趋势进行预测。趋势预测法特别适用于对辅导员心理健康教育能力的动态监测和培养，也可用于心理健康教育方面的比赛选手的选拔。被考评个体在一定时间段内的成绩一般存在着波动性，波动的幅度可以通过统计学中的方差或标准差来衡量。在数学统计中，方差或标准差用来衡量数据的离散程度，方差或标准差越大，表明被考评个体的成绩偏离平均水平越远，成绩波动大，越不稳定；反之，成绩波动小，表明被考评个体心理健康教育能力的发展状况较为稳定。

第三节　高校辅导员心理健康筛查与教育宣传

一、心理健康筛查

（一）充分认识

加强心理健康教育，是适应 21 世纪竞争日趋激烈，培养同现代化要求相适应的高素质劳动者和专门人才的必然要求，也是针对当前学生存在的心理素质方面的弱点，进一步提高其心理素质水平，实施素质教育的现实需要。科学研究表明，在未来人才的综合素质结构中，心理素质越来越重要，人的乐观开朗、积极进取、坚韧不拔等个性心理品质对人的健康成长和事业成功起着重要作用。面对现实生活中的独生子女群体，心理健康教育毋庸置疑地已然成为一个需要普遍重视的问题。

（二）基本方略

根据社会发展的需要、教育改革的要求和学生心理发展的规律而提出的学校心理健康教育，必然是素质教育内容的重要组成部分。学校心理健康教育具有一定的理论基础，它是与学校心理辅导、发展心理学、教育心理学、心理测量及心理咨询等多门学科相融合的、以实践和应用为主的教育活动。因而，学校心理健康教育工作务必遵循科学的原则。这些原则主要包括：

1. 目标性原则

学校心理健康教育的根本目标在于促进学生健康发展，提高学生的基本素质，培养学生的优良心理品质，提高学生的生存、适应能力，促进学生自主发展的潜能。

围绕这些目标，学校心理健康教育的内容主要分解为人生观与价值观教育、人格培养、情绪情感训练、意志力的培养、自我觉察与认识、生存训练、潜能开发等。除此，还应包括与之相关的心理测验、咨询辅导、课程安排、活动训练等各项工作。

2 现实性原则

根据当前学生的实际情况、教师实际的教育能力、学生发展的实际水平和需要，有针对性地选择适合本校本班心理健康教育的内容。

3. 发展性原则

学校心理健康教育的最终目标是促进学生的发展。因此，确定学校心理健康教育的内容自然应面向全体、注重发展，选择具有普遍意义和有代表性的主题内容，从而有效地发挥心理健康教育预防、促进的功能。

4. 差异性原则

满足不同年级、不同学生的心理需要，保证学校获得心理健康教育效果，对不同特点的学生应该进行分类指导。

5. 活动性原则

根据实践性与应用性的要求，突出以活动为主的特点，把心理健康教育的内容渗透在灵活多样、富有情趣的活动中，发挥活动的优势，注重活动过程的教育作用。在学校心理健康教育的内容中，应创造性地设计各种丰富多彩的活动，如角色扮演、绘画、想象、辩论、演讲等，让学生在活动中、在参与中、在亲身体验中获得成长与发展。

（三）主要任务

1. 对全体学生开展心理健康教育

要面向全体学生，通过普遍开展教育活动，使学生对心理健康教育有积极的认识，心理素质逐步得到提高。要以学生为主体，充分启发和调动学生的积极性。要根据学生心理发展特点和身心发展的规律，有针对性地实施教育，增强学生承受挫折、适应环境的能力，培养学生健全的人格和良好的个性心理品质。

2. 学生心理潜能和创造力开发

心理潜能的开发与创造力的培养也是学校心理健康教育的重要内容。它主要包括对学生进行判断、推理、逻辑思维、直觉思维、发散思维及创造性思维等各种能力的训练和培养。同时，还包括对学生自我激励能力的训练等，以增强学生的自主意识与能动性。

3. 学生心理行为问题矫正

面向少数具有心理、行为问题的学生而开展的心理咨询、行为矫正训练的教育内容，多属矫治范畴。要对少数有心理困扰或心理障碍的学生进行咨询和辅导。要关注个别差异，根据不同学生的不同需要开展多种形式的教育和辅导。具体包括：学习适应问题，主要指围绕学习活动而产生的心理行为问题，如考试焦虑、学习困难、注意力不集中、学校恐怖症、厌学等；情绪问题，主要指影响学生正常生活、学习与健康成长的负面情绪问题，如抑郁、恐惧、焦虑、紧张、忧虑等；常见行为问题，主要指在学生生活、学习中表现出来的不良行为特征，如多动、说谎、打架、胆怯等；身心疾患，主要指因心理困扰而形成的躯体症状与反应，如神经衰弱、失眠、疑心症、神经性强迫症、癔症等。

4. 实施心理健康教育渗透在学校教育的全过程

课堂教学是对学生进行心理健康教育的主渠道，要求教师根据各科教学的特点适时、适度地把心理健康教育渗透在教学中，开发学生智力和情感，激励学习动机，以保持良好的心理状态。除了运用相关课堂教育内容进行教育外，更重要的是开展多种形式的活动和辅导。

二、高校辅导员心理健康教育的宣传

开展高校辅导员心理健康教育工作，除了建立心理健康档案外，还需要加强高校辅导员心理健康教育的宣传，宣传高校辅导员心理健康教育的重要意义，提高高校辅导员对心理健康内涵和标准的认识。

（一）高校辅导员心理健康的含义及标准

高校辅导员作为特定的一类群体，其心理健康的内涵首先应包含心理健康的一般含义。另外还应包括很好地适应辅导员工作，对辅导员工作充满激情，角色定位准确，面对失败和挫折具有较强的免疫能力和抗压能力等。在评定高校辅导员心理健康的标准时，我们可以从以下几方面来把握：

1. 热爱高校辅导员工作，对工作充满激情

高校辅导员工作相对教学与科研来说比较繁杂、枯燥，而且短期内见效不明显，这就要求辅导员要坚定职业信念，热爱自己的辅导员工作，在工作中始终保持积极、乐观的态度，充满激情，从而保证工作的顺利进行并提高工作效率。

2. 保持正确的自我意识，自我评价准确

高校辅导员不仅要认识到高校辅导员工作的具体定位，而且要清楚自身的条件是否符合做一名合格的高校辅导员，比如知识结构、政治理论水平、组织管理能力、号召力以及抗压抗挫折能力等，对自己有较准确的评价。只有正确认识自己且适合并乐于做高校辅导员工作的人，才能胜任高校辅导员工作。

3. 人际关系和谐，乐于与他人交往

一台机器要正常运转，需要各个组成部件的协调工作。学校不仅是一部机器，还是由众多活生生的群体组成的一个大家庭，在这样的大家庭中，每个群体、每个人的工作生活都不是孤立的。高校辅导员作为学校学生工作的骨干力量，除了学生，他们的工作和生活自然也离不开与其他辅导员、领导的协调与合作。比如，学生的成绩须向各授课教师了解，班级间学生出现问题，须与其他辅导员协调，辅导员工作须定期或不定期向领导汇报，等等，这些都免不了与学校其他群体以及外校同行打交道。这就要求辅导员们要乐于、善于与他人交往，保持良好的人际关系，争取人力和物力资源。

4. 保持积极乐观的心态，热爱生活

心态是决定成功的一个重要因素，良好的心态能够让人正确地看待生活中的困难与挫折，对生活充满希望和热情，在工作中充满激情和斗志。高校辅导员工作是个细活，需要大量的精力和耐力，即便如此，大量的付出往往得不到相应的回报。如果高校辅导员没有一个平静、乐观的心态，不能理智地看待工作中的得失，挫折感就不可避免地会出现。

5. 具备良好的环境适应能力和心理调适能力

能适应社会环境的变化，能进行适当的工作角色的定位与扮演，能认识对辅导员素质的新要求，随时调整工作策略；做到遇事不惊，能适时、合理地调节心理压力，这也是高校辅导员应具备的心理素质之一。因为随着时代的发展和社会的进步，高校学生工作对高校辅导员各方面的要求将越来越高，高校辅导员面对的挑战也将越来越多，越来越严峻。因此，他们必须具备良好的环境适应能力和心理调节能力，以保证工作的顺利进行。

6. 意志坚定，具备较强的抗挫折能力

高校辅导员工作虽然不用承受大风大浪，但失败感也会时常扰乱他们的心绪。如，工作成绩见效慢，回报与付出悬殊，有时得不到学生的理解，社会竞争压力大等。若要做一个合格的高校辅导员，从心理学的角度上来说，他们必须能正确认识现实与理想之间的差距，勇于面对竞争与失败，脚踏实地，持之以恒；面对来自各方面的压力与打击，具有较强的抗压能力，能保持坚定的信心和坚强的毅力。

(二) 高校辅导员心理健康的意义

高校辅导员是高校教育工作战线上的一个特殊的群体，他们既不同于高校教师主要从事教学与科研工作，也不同于行政人员主要从事行政管理工作。他们的主要工作是对学生的日常管理，但有时因校方的需要，也辅助一些教学或行政工作。由于工作的特殊性，对高校辅导员来说，较高的心理健康水平有时比文化知识水平和管理能力更重要。

1. 高校辅导员的心理健康直接影响大学生的心理健康

高校辅导员是大学生平时接触最多的教师，他们的一言一行对学生有着直接的影响。他们不但是其学习上的导师，而且是他们生活上的向导。辅导员的世界观、人生观和价值观会直接影响大学生对世界的看法和对人生价值的态度。俗话说"近朱者赤，近墨者黑"，一位性格开朗、积极向上、遇事沉着冷静、对工作认真负责的辅导员，对学生来说就是一面旗帜。实践证明，正面的榜样更能起到教育的效果。而一位心理健康存在问题的辅导员的言行很容易对他周围的学生产生负面影响。比如，辅导员常表现出紧张、烦躁、忧郁甚至易发脾气，那么他的学生就会摸不着头脑，感到惶恐不安，也会产生紧张、压抑等不良情绪。这样很容易伤害学生的自尊心和自信心，甚至会使学生产生逆反心理，影响其人格与情感的健康发展。而且，学生出现心理问题，首先发现的应是他们的辅导员，学生最想求助的也是他们的辅导员。因此辅导员要做好学生的心理辅导工作，首先要保证自己的心理具备较高的健康水平。所以说，辅导员的心理健康对大学生健康心理的形成与发展至关重要。

2. 高校辅导员的心理健康直接影响高校学生工作的成效和长期稳定

思想政治工作是党的生命线，思想工作是各行各业的首要工作，作为百年大计的教育更是如此。高校教育首先是思想政治教育，而辅导员又是高校思想政治教育工作的直接实施者，是学生工作的主干力量之一。高校学生工作尤其是思想政治教育工作的稳定与否，很大程度上取决于辅导员工作成效的好坏，而辅导员具备良好的整体素质，尤其是心理素质是做好辅导员工作的前提和保证。

高校学生工作既包括对学生的学习和日常生活的管理，也包括对学生的学籍等资料的管理，每一项工作都离不开辅导员的亲自参与，一旦辅导员的心理健康出现问题，他所带班级学生的学习和生活就会受到影响，继而影响高校学生工作的成效，从长远来讲就会影响高校学生工作的长期稳定。因此，一个身心健康尤其是心理健康的辅导员团队，是高校做好学生工作不可缺少的条件。

3. 高校辅导员的心理健康直接关系他们自身的健康和家庭幸福

实践证明，健全的人格，积极、乐观、开朗的情感体验有助于人们的身体健康和工作效率的提高，而压抑、紧张、焦虑等不良情绪不但影响人们的工作，而且对人们的身心危害极大，因为在这种消极情绪的长期作用下，人体的免疫功能会下降，容易罹患各种传染性疾病，同时消化和血管系统也会受到影响。另外，常出现这些情绪的人还容易患过敏、伤风感冒、头痛、胃病和单细胞增多症，而积极、乐观、坦然面对得失的人（B型人格）更容易长寿。

一个家庭可能因为其中某一个成员的身体或心理不健康而负累，辅导员的心理健康也会影响其家庭的幸福。特别是对一个已成家的辅导员来说，他们的健康对整个家庭来说极其重要，因为他们的身心健康将关系到整个家庭的未来与希望。因此，辅导员的心理健康不仅关系到他们自身的健康，而且关系到他们的家庭幸福。

4. 高校辅导员的心理健康状况会影响整个教育团队的心理健康水平

高校教育与管理工作需要辅导员、领导、教师以及其他人员的通力合作与努力。辅导员作为高校思想政治教育工作的主干力量，他们的心理健康不仅影响他们自身的工作与管理对象，而且影响整个教育团队的心理健康水平。

一方面，作为教育工作者的一部分，辅导员的心理健康状况直接影响高校整个教育队伍的心理健康水平。学校教育团队包括领导、教师、行政人员、辅导员和勤杂人员等，任何一个小群体的心理健康状况出现问题，都会影响团队的整体心理健康水平。另一方面，在日常工作中，由于辅导员与辅导员之间，辅导员与其他授课教师及工勤人员之间，辅导员与领导之间需要大量的接触和交流。人的情绪具有较强的传染性，高校辅导员的不良心理健康状况会感染其他相关人员，影响他们的情绪和工作态度，间接影响整个教育团队的心理健康水平。

关注高校辅导员的心理健康就是关注整个高校教育团队的心理健康，就是关注高校教育工作的正常运行。

(三) 高校辅导员心理健康宣传的途径

在高校中，可以利用闭路电视、广播、学报、橱窗等校内传媒向高校辅导员和其他教师普及心理卫生知识。知是行的基础，行是知的目的，要提高高校辅导员的心理健康水平，必须向他们普及心理卫生知识，增强他们的自我心理保健意识，使他们掌握自我心理保健的原则和方法，从而产生自我心理保健行为。普及心理卫生知识需要有合适的方式做保障，让从事繁重思想政治教育工作的辅导员拿出大量的时间来阅读心理卫生知识方面的书籍显然是不现实的。我们认为广播、校报等校内传媒是向高校辅导员进行心理健康教育的最好方式。校内传媒具有针对性强、覆盖面广、简便易行等特点，是校内普及心理卫生知识的一种颇为有效的传播方式。

另外，每年还可以邀请国内和省内的一些知名的心理专家来给辅导员做心理健康方面的培训。已经接受过心理健康培训的辅导员对这种培训的反响特别大，大家有一个共同的感觉就是无论是对学生工作而言，还是对自身的成长而言，心理健康培训都是极其重要的。他们认为，通过培训，学生工作有了新的思路，对自身的发展产生脱胎换骨之感，精神面貌焕然一新。大家都希望这样的心理培训应当在高校辅导员中经常开展。

第四节　高校辅导员心理咨询

一、高校辅导员个体心理咨询与自我调适

高校辅导员的心理健康总体上处于正常偏下的水平，但个体在强迫、人际敏感、敌意和偏执等几项症状上超出常模的人数较多。具体的心理健康问题表现在以下几方面：①对工作感到厌烦，躯体化表现、强迫感明显；②工作满意度低，表现为情绪压抑、低落；③对前途感到迷茫，表现为焦虑、烦躁不安。

因此，全国上下都高度重视大学生心理健康教育，几乎所有高校都建立了大学生心理健康教育中心，加大了对这一块工作的投入，切实采取了一些措施来提高大学生的心理素质，大学生的心理健康教育工作进入了高速发展阶段。与此相对，高校辅导员的心理问题也日渐突出，可是并没有引起高校领导层的广泛关注，各高校对教师的心理素质的培训几乎为零，当然也就更谈不上针对高校教师的心理咨询服务。很多高校的决策层忽视了教师的心理健康问题，没有认识到教师的心理不健康对大学生产生的危害性。即便有些学校已经意识到高校教师包括辅导员的心理健康应该得到关注，但关注力度还远远不够；绝大部分高校没有实施一些具体的措施来帮助高校辅导员调整心理状态，缓解心理压力；有相当一部分高校辅导员反映，当他们出现心理问题时没有地方倾诉或咨询。基于以上问题，我们需要广泛开展针对辅导员的个体心理咨询与自我调适工作。

（一）高校辅导员心理咨询的分类

高校辅导员心理咨询是指咨询人员与高校辅导员通过直接交谈等方式，帮助他们解决心理上的问题，提高他们对环境的适应能力，促进他们心理健康发展的过程。心理咨询是心理学的分支之一，它以心理失常的人为研究、实践的对象，可以是单个的人，也可以是一个家庭、一个团体。心理失常，有轻度的、重度的，机能性的、机体性的几种。心理咨

询以轻度的、机能性的心理失常为主，至于重度的、机体性的心理失常，则须住院并以药物治疗为主，不包括在心理咨询范围之内。

根据咨询的内容，心理咨询可以分为发展性心理咨询和健康心理咨询；根据咨询的规模，可分为个体心理咨询与团体心理咨询；根据咨询采用的形式，可分为门诊咨询、电话咨询和互联网咨询。

1. 发展性心理咨询

为了适应现代化的工作和生活节奏，人们越来越重视自我认知能力，而发展性心理咨询可以帮助人们挖掘心理潜力，提高自我认识的能力。当自我认识出现偏差或障碍时，可以通过心理咨询得以解决。

随着人类物质文明和精神文明水平的不断提高，人们开始关注如何全面提高生活质量，比如提高学习和工作能力、保持最佳工作状态、维护安宁的生活环境、协调家庭成员和社会成员的人际关系。心理咨询作为一项专业技能，可以帮助人们调整内心世界，提高生活质量。

发展性心理咨询常涉及以下内容：孕妇的心理状态、行为活动和生活环境对胎儿的影响，儿童早期智力开发，儿童发展中的心理问题，青春期身心发展的不平衡，社会适应问题，性心理知识咨询，男女社交与早恋，青年独立性和依赖性的矛盾，友谊与恋爱，成就动机与自我实现的问题，择偶与新婚，人际关系，择业、失业与再就业，中年及更年期人际冲突、情绪失调、工作及家庭负荷的适应，家庭结构调整，更年期综合征，老年社会角色再适应，夫妻之间、两代之间、祖孙之间等家庭关系，身体衰老与心理衰老，老年性生活等。

2. 健康心理咨询

健康心理咨询的对象究竟是哪些人群？凡是因为某些社会刺激而引起心理状态紧张的人，并且明确体验到躯体或情绪上的困扰的人，都可以是健康心理咨询的对象。因此凡是生活、工作、学习、家庭、疾病、康复、婚姻、育儿等方面所出现的心理问题，一旦来访者体验到不适或痛苦，都属于健康心理咨询的工作范围。

(二) 高校辅导员心理咨询的原则

心理咨询是一门专业性很强的工作，涉及个人隐私，在咨询过程中应遵循以下原则：

1. 保密原则

保密原则是心理咨询中最为重要的原则，它既是咨询者与来访者确立相互信任的咨访关系的前提，也是学校心理咨询活动顺利开展的基础。

咨询者在公开咨询案例研究或发表有关文章必须使用来访者的有关个人资料时，必须充分保护来访者的利益和隐私。保密原则并不是绝对的，有时需要咨询者加以判断。

2. 信赖性原则

信赖性原则指咨询者应以尊重、信任、真诚、平等的态度对待来访者，努力和其建立起朋友式的信赖关系，从而保证咨询的顺利进行。

3. 教育性原则

教育性原则是指咨询者要针对来访者产生的心理障碍，提出积极的分析意见，鼓励其积极进取，使之树立正确的世界观、人生观和价值观。

4. 主体性原则

在心理咨询中，咨询者逐步引导他们进行自我分析、自我判断。在此基础上，咨询者再进一步提出供来访者采纳的建议，并促使来访者转化为自己的行动。

5. 时间限定原则

心理咨询必须遵守一定的时间限制。心理咨询的时间一般规定为50分钟或60分钟左右（初次受理时，咨询时间可以适当延长），原则上不能随意延长咨询时间或咨询间隔。电话咨询原则上限定为30分钟。当然咨询时间的限定也不是绝对的，根据实际情况，有时可以缩短时间和间隔，或者适当增加咨询次数。

（三）高校辅导员心理问题的自我调适

导致高校辅导员心理压力的因素各种各样，因此，压力的缓解需要学校、社会各方面采取适当的措施。而从辅导员自身的角度来看，当自己面对压力时，不能逃避，而要学会缓解压力，只有这样，才能保持心理健康，适应不断变化的环境。因此，维护和提高辅导员心理健康水平需要辅导员自身做出努力。

1. 提升自我评估能力

对我们最了解的人莫过于我们自己，因此，辅导员应该学会正确地评估自己的职业倦怠和心理健康水平。当发现身体和心理上出现异常情况时，应当及时进行自我调节，把问题扼杀在摇篮之中，这对防止职业倦怠的产生和维护心理健康具有积极意义。

2. 提升职业认同感

职业认同感是辅导员进一步了解所从事工作的基础，更是积极努力工作的必备条件。

一方面，辅导员应当正确地认识自我和评价自我，对自己的工作能力和综合素质进行客观评价，并能够给予自己合理的定位，对自己的工作进行合理预期，减少因为期望过高而带来的失落感和因同别人攀比而带来的挫败感。

另一方面，加强专业知识学习，提高专业能力。社会的快速发展和高等教育的不断改革要求辅导员队伍走专业化的发展道路，这就要求辅导员必须树立专业化的意识、具备专业化的理论、拓展专业知识、掌握专业化的技能、提升专业素养。辅导员学习专业知识和提高专业能力的途径较多，既可以进行自我反思和学习，即辅导员对自己的工作过程进行重新认识，自我总结、自我学习、自我完善。也可以采取朋辈辅导，通过与同事的互动，探讨学生工作中遇到的实际问题，研究解决问题的策略，达到丰富经验、实现专业成长的目的。还可以采取督导的方法，即向那些具有丰富的专业知识、实践经验且业务水平较高的辅导员寻求专业指导。丰富专业学习和提升专业能力对辅导员的工作有很大帮助，不仅有利于提高辅导员工作的成效，而且还可以促进辅导员对自我价值的肯定，增强自身成就感，从而使心理健康保持在较好的水平。

3. 培养自我减压能力

情感衰竭是职业倦怠的个体压力维度，当个体长期处于较大压力且得不到缓解的状态时，就会表现得没有活力，缺乏工作热情，并感到自己的情感处于疲惫状态。心理健康水平和职业倦怠的相关分析显示，情感衰竭和心理健康水平具有显著的相关性，心理健康水平和职业倦怠的回归分析表明，情感衰竭对心理健康具有正向预测作用。因此，减缓辅导员的情感衰竭是提升其心理健康水平的重要举措。

（1）锻炼身体，保持强健体魄

长期的体力透支是职业倦怠产生的原因之一，同时当职业倦怠产生时也会伴随着显著的躯体表现，如躯体疲劳、睡眠紊乱、头晕头疼、消化不良等症状。适当的体育锻炼可以有效地调节生理和心理机能，辅导员在工作之余可以有意识地参加一些体育运动，尤其是户外运动，一方面可以舒缓工作中的紧张情绪和压力，另一方面可以转移注意力，体验和感受运动的乐趣。强健的体魄也是从事其他活动的基础，体育锻炼可以提高自我效能感，减缓或消除焦虑和抑郁类的心理疾病。

（2）自我调节，正确看待压力

适当的压力是行动的动力，但当压力较大时，人们往往不知该如何应对，或选择逆来顺受，或选择逃避，或鲁莽行事，但这都不是正确解决问题的有效途径。当压力较大时，我们需要保持理性的头脑，冷静地思考和寻找解决问题的方法。先要认清压力事件的性质，然后理性思考与分析事情的原委，接下来正确评判自己的能力，寻找正向资源，如果个人能力无法解决，要学会寻求他人的支持，最终达到解决问题的目的。

自我调节就是要调节自己的心态和情绪，保持一颗平常心，对自己有一个正确的认识，接纳自身的优点和缺点；学会倾诉，而不是抱怨。辅导员在工作中容易被人际关系和情绪等问题困扰，最好的方法就是向亲人和朋友倾诉，让这些困扰得到及时的宣泄；学习和培养乐观豁达的人生态度和积极的心态；当心理问题较为严重时，还要寻求专业心理咨询师的帮助。

4. 建立社会支持体系

人是社会化的动物，不论承担什么角色，都要处于一定的社会关系中。

辅导员从事的学生工作本身就是一项与人打交道的工作，辅导员既要处理与上级的关系，处理和同事的关系，又要处理和学生的关系。良好的人际关系是工作顺利开展的基础和保障，辅导员在这些人际关系中促进彼此间的情感交流和相互信任，一方面可以缓解人际关系问题带来的压力，另一方面也是一项情感投资，便于建立良好的社会支持，为自身的工作营造一种相互尊重和信任团结的环境，增强自身的工作归属感。

（1）树立公平竞争、团结合作的观念

由于教育改革的发展，高校逐渐采取辅导员聘任制。这一制度的显著特点是竞争，辅导员要实行竞争上岗、优胜劣汰。有竞争就会有淘汰，这无疑会增加人际关系的敏感性，辅导员必须认识到，在市场经济环境下，竞争是不可避免的，有竞争才能提高人才的使用效率。只有树立公平竞争、团结合作的观念，才能保持良好的心态。

（2）进行情感投资，密切相互关系

一方面，辅导员要正确认识和同事之间的合作与竞争关系，同时要加强和同事之间的交往。因为同事之间工作相近、感受相似，更容易产生共鸣。同事之间通过相互交流，也可以增加自身的经验积累。另一方面，辅导员要加强和学生的情感连接，要在学习上、生活上关心和帮助学生，帮助学生解决困难，培养在学生中的亲和力，在学生工作中做到以理服人，不在言语上讽刺、侮辱学生。和谐的师生关系有利于辅导员工作的开展，也有利于学生的健康成长。

（3）鼓励辅导员的社会性发展

马克思认为，人的本质是社会关系的总和，社会互动与交往是人们生活的一个重要组成部分。由于学生工作的烦琐性，辅导员在学生工作中的精力和情感投入较大，难免会导致同家人、朋友等社会关系的疏离。因此，辅导员应该在工作之余主动参加社会活动或社会实践，这不仅能够吸收外来的新鲜事物，了解社会的动态，保持同社会的同步发展，而且也能够加强同社会成员的联系，建立社会网络，增加社会支持。

二、高校辅导员团体心理咨询与辅导

团体心理咨询具有感染力强、咨询效率高、省时省力、效果容易巩固的特点，广泛用于高校辅导员的心理健康教育工作。一方面可以解决辅导员工作和生活中共性的心理问题，另一方面可以开发辅导员的心理潜质，为高校辅导员心理健康水平和职业能力的提升提供保障。

（一）高校辅导员团体心理咨询的特点和分类

团体心理咨询是相对一对一的个体心理咨询而言的，顾名思义，它是一种在团体情境下提供心理帮助与指导的咨询形式，即由咨询者根据来访者问题的相似性或由来访者自发组成课题小组，通过共同商讨、训练、引导，解决成员共同的或相似的心理问题。团体心理咨询既是一种有效的心理治疗，也是一种有效的教育活动。

1. 团体心理咨询的特点

团体心理咨询与个体心理咨询最大的区别在于，来访者对自己的问题的认识、解决是在团体中通过成员间的交流、相互作用、相互影响来实现的。具体而言，有以下几个特点：

（1）团体心理咨询感染力强，影响广泛

这是因为群体的互动作用促进了信息的传递和自主性的激发，也就是团体动力的形成。在团体中，团体动力对于团体目标的实现有着很重要的作用，而团体成员也是靠着动力相互作用、相互影响来解决自己的问题。

（2）团体心理咨询效率高，省时省力

相对个体心理咨询一次只解决一个人的问题来说，团体心理咨询在解决问题方面，投入时间和精力会更有效率。而且，团体内部关系的复杂性也会给团体成员带来额外的收获。

（3）团体心理咨询的效果容易巩固

团体心理咨询的基本原理是它提供了一种生活经验，参与者能将之应用于日常与他人的互动中。也就是说，团体心理咨询创造了一个类似真实的社会生活情境，增强了实践作用，也拉近了咨询与生活的距离，使得咨询较易出现成果，也较易迁移到日常生活中。

2. 高校辅导员团体心理咨询的分类

（1）理论根据

依据理论根据的不同，可分为精神分析团体心理咨询、行为主义团体心理咨询、认知行为团体心理咨询和会心团体心理咨询等。

（2）咨询遵循的模式及目标

依据咨询遵循的模式及目标的不同，可分为发展性团体心理咨询、训练性团体心理咨询和治疗性团体心理咨询等。

（3）计划程度

依据计划程度的不同，可分为结构式团体心理咨询和非结构式团体心理咨询。

（4）来访者的固定程度

依据来访者的固定程度，可分为开放式团体心理咨询和封闭式团体心理咨询。

（5）咨询者在咨询中作用的大小

依据咨询者在咨询中作用的大小，可分为指导性团体心理咨询和非指导性团体心理咨询。

（6）团体成员的背景相似程度

依据团体成员的背景相似程度，可分为同质团体心理咨询和异质团体心理咨询等。

（二）高校辅导员团体心理咨询和辅导的内容

高校辅导员团体心理咨询是在一个平和的气氛中，通过团体环境中的行为来帮助成员个人成长，通过团体成员之间的相互作用，学习对自己、对他人、对团体的理解和洞察并获得自我发展。因此，高校辅导员团体心理训练的常用方法是团体讨论和角色扮演。

团体讨论可以通过配对交流、圆桌式讨论、分组式讨论、陪席式讨论、论坛式讨论、辩论式讨论等方式，使成员对一个共同问题，根据资料与经验，互相做合作的和深入的探讨。在团体讨论中，指导者的责任是建立一个友善、接纳和容忍的气氛，使团体成员能自由、充分地发表各自的意见。

角色扮演是用表演的方式来启发团体成员对人际关系及自我情况的认识的一种方法，通常由团体成员扮演日常生活情境中的角色，使成员把平时压抑的情绪通过表演得以释放出来，学习人际关系的技巧及获得处理问题的灵感并加以练习。

（三）团体心理咨询在高校辅导员心理健康教育中的作用

1. 提高高校辅导员咨询的效率，扩大受益面

高校辅导员团体心理咨询是以同一年龄组的高校辅导员为咨询对象，在节省时间和人力的同时，也有利于解决高校辅导员在成长过程中所共有的问题。例如：情绪不稳定，看问题片面、偏激，易冲动，在学习问题、社会问题及恋爱问题方面存在困扰、疑惑等。个体心理咨询也能解决此类问题，但是受益面窄，对高校辅导员整体水平的提升收效甚微。

因此，团体心理咨询能弥补个体心理咨询的不足，提高高校辅导员咨询的效率，扩大受益面。

2. 提高高校辅导员的交往能力

主要人际关系的适应是心理适应的重要方面。高校辅导员的人际交往是广泛而复杂的，他们想获得他人的理解，但缺乏交往的勇气和技巧，而团体心理咨询恰恰能解决这个问题。在团体心理咨询中创设的情境或氛围，可以帮助成员认识自我，并亲身体验自身的行为能否获得他人的同情和理解，从而找到适当的行为方式。团体成员相互作用的体验，能够帮助高校辅导员掌握处理人际关系的技能，并通过示范、模仿等方法尝试与他人建立良好的人际关系。

3. 团体心理咨询的最大特色在于培养人的信任感和归属感

团体中的成员可以把对团体的信任扩大到信任周围的人，由对团体的归属感扩大到对学校、社会及国家的认同感和归属感。比如对高校辅导员提供"大学是我家"的团体心理咨询；对职业认同感低的高校辅导员提供"职业规划与管理"的团体心理咨询；为想改善人际关系的高校辅导员提供"你我同行"的团体心理咨询；探讨家庭婚姻及工作相协调的"高校辅导员工作与生活"团体心理咨询等。

4. 提高高校辅导员的整体心理健康水平

团体心理咨询不仅有消除咨询对象心理障碍的功能，而且强调帮助人们适应环境、保持身心健康。团体心理咨询关注的不仅是眼前的发展障碍，而且十分关注与下一阶段发展任务的衔接。团体心理咨询强调促进人的心理成长，重视对高校辅导员发展过程中可能出现的障碍问题的发现与预防，并根据高校辅导员身心发展的规律、人生发展的课题来规划心理辅导与咨询的内容。因而，团体心理咨询有助于提高高校辅导员的整体心理健康水平。

（四）高校辅导员团体心理咨询实施中应注意的问题

首先，团体心理咨询对指导者的素质要求较高，指导者自己必须有良好的个性特征，心理健康，保持积极、乐观、稳定、健康的心理状态。与此同时，还应当懂得心理学、教育学的基础理论与方法，并且能够熟练掌握和运用，具有丰富的个别咨询的经验，能够激发参与者的活动兴趣和参与活动积极性，创造融洽的氛围，保证团体心理咨询活动的顺利进行。

其次，指导者应当多观察咨询对象，对咨询对象的了解要全面细致。团体心理咨询对群体性、发展性的问题有效果，同时对个案心理障碍的了解与治疗也是极有帮助的。有部分参与者对心理咨询尚有模糊认识，因此在参与者中开展心理咨询活动时，只有将团体心理咨询与个体心理咨询结合起来，才能真正起到作用。

最后，团体指导者要以此为工作背景，把握好工作的态度，尽可能地做到真诚、无条件地积极关注和共情，同时又不能轻视咨询的操作技巧和方法。从团体心理咨询来看，十几个人坐在一起，要直面他人，袒露自己，在某种意义上就是一种冲击疗法，使团体成员面对自己的问题，并在与他人的碰撞、互动之中认清自己的问题并引起改变。

第四章　学生职业价值观与就业指导

第一节　大学生职业价值观

一、职业价值观

要对大学生职业价值观结构现状有一个清楚的认识，要从职业价值观的概念入手，深入了解职业价值观的内涵和作用机制。

（一）职业价值观的概念界定

价值观是人们评价事物好坏、重要与否的直接标准，是较为复杂的抽象系统，是从人们对待自身需要的外界事物的关系中产生的，是以自身需要为尺度，对事物重要性认识的思维倾向与判断标准。价值观在一定社会历史条件下形成，有一定连续性，但也会随社会发展、时间变化而发生改变。价值观主要包括宏观层面的社会价值观与微观层面的个人价值观，即时代发展、社会进步、个人生活都须在价值观指导下实现。

职业价值观是价值观在职业中的具体体现，是直接影响个体择业和就业行为的内在引导系统。职业价值观属于价值观的范畴，是个体以自身需求为尺度，对社会职业优劣的判断倾向或评价标准。职业价值观有群体职业价值观和个体职业价值观之分，就其实质而言，群体职业价值观和个体职业价值观是辩证统一的关系，是普遍性和特殊性的关系。

对大学生而言，职业价值观会直接影响他们的择业行为，且对其未来的工作态度、职业生涯起到一定指导作用。实践中，由于大学生尚未真正踏入社会，因而我们基本通过他们的择业行为和主观态度判断大学生的择业观，了解其职业价值观。

需要说明的是，职业价值观受到多种因素的影响，是在一定环境、教育的影响下逐渐形成的，具有相对持久性。同时，职业价值观本身并不是一成不变的，会随着知识的增长、经验的积累和环境的改变而改变。鉴于此，大学生的职业价值观虽然在大学时期已经初步形成，但仍然可以通过教育手段加以引导，不断修正完善，在此需要充分体现大学生的主体地位。

（二）职业价值观的科学内涵

通过前文对职业价值观的内涵界定，不难发现"职业"二字体现着社会需要和个人需要的双重内涵。在社会主义制度下，个人需要与社会需要，以马克思主义思想为理论指导。

根据马克思的劳动分工理论，社会分工是生产力发展的必然结果，换言之，社会上的任何行业、职业的存在与发展都是社会分工、劳动分工的结果，岗位的产生须以一定社会需要为标准和前提。因而，人在选择职业时既有选择的自由，也有选择的责任，最重要的是在选择职业时要处理好人类幸福和自身完美的关系。

而对于应当如何选择职业？选择怎样的职业？马克思认为，个人需要和社会需要是辩证统一的。社会需要是个人需要的基础，而个人需要是社会需要的组成部分。脱离社会需要的个人需要是片面的；而没有充分满足的个人需要，就不会有生机勃勃的社会。

马克思强调，不要从一时的感情出发，不要从虚荣心出发，更不要从幻想出发，要以热情与责任为标准选择适合自己且自己能够胜任的职业，因为我们的使命绝不是求得一个最足以炫耀的职业。每个行业、每个岗位、每个地域都能实现个人、社会价值，在择业时无须扎堆、盲从于某一个职位。在马克思看来，人类的天性本身就是这样的：人们只有为同时代人的完美、为他们的幸福而工作，才能使自己也过得完美。

同时，根据人的自然属性与社会属性，恩格斯将人的需要由低至高划分为三种：生存需要、享受需要和发展需要。在满足生存的物质精神需要后，会追求更高质量的生活，如参与社会活动、获取社会地位、赢得他人尊重等。换言之，个人价值最高的体现，在于促进社会的进步与发展。

因此，科学的职业价值观是指大学生在选择职业时，充分考虑、充分肯定自身工作对社会的贡献，平衡个人需要与社会需要，更好地实现个人价值。

二、大学生职业价值观结构的影响因素

综合职业价值观的内涵与构成要素，大学生职业价值观受社会环境、家庭以及学校教育等多重因素影响。

（一）社会环境

在不同的历史时期，社会都存在与之相适应的主流价值观。社会的主流价值观直接影

响着每个个体的价值观形成，而职业价值观作为价值观的重要组成部分，同样受到社会环境的影响。

我国自改革开放以来，经济体制发生了巨大改变，"统包统分"就业制度也向自主择业、竞争上岗的方向转变。20世纪80年代至90年代中期的大学生更关注"个人特长兴趣、收入和实现个人抱负"。20世纪90年代中后期到21世纪初，"发挥才能，符合个人兴趣"是大学生择业首要考虑的因素，同时"机会均等、公平竞争"受到学生重视，而"实现个人抱负"逐渐从大学生的职业价值观中淡出，这一时期的大学生更倾向于到大城市就业。在市场经济的旋涡中，大学生变得比较"现实"，更为注重物质利益的追求。

（二）家庭

家庭在大学生成长成才过程中扮演着重要的角色，家庭直接影响着大学生职业价值观的形成。

一方面，家庭中的客观因素对大学生的职业价值观存在影响，如家庭社会地位、家庭收入、家庭居住地、父母职业、文化水平等。另一方面，家庭中较为主观的因素同样对大学生产生着重要的影响，如父母的教养方式、家庭期望、父母与子女的沟通方式、家庭关系等。前者难以改变，而后者可由父母掌控。因此，创造和谐温馨的家庭环境、建立平等有效的沟通方式，在家庭教育中至关重要。

（三）学校教育

大学生无论生理还是心智年龄，基本上都在大学阶段成熟。在大学生职业价值观形成的过程中，除了受到社会环境、家庭等主要因素影响之外，高校的教育也发挥着关键作用。一方面，高校辅导员立足第二课堂，开展丰富多彩的社会实践教育活动，让学生在实践中，体悟社会，增进大学生的职业认知，提升学生自我认识、自我评价的能力；另一方面，思想理论课堂深入讲解社会主义思想理论体系内容，增强了大学生的社会认同感，引导大学生树立远大的职业理想。

此外，在国家大力倡导"全员育人、全过程育人、全方位育人"的时代背景下，职业价值观教育不仅体现在课堂上、课外活动中，也融入身边人的一言一行、身边事的一点一滴里。

综上所述，职业价值观的形成是一项复杂的系统工程，是社会环境、家庭、学校教育等因素互相作用的结果。社会环境、家庭是职业价值观形成的前提和基础，学校教育是职业价值观完善的延伸和深化。家庭、社会与学校教育相互影响，相互作用，共同影响大学生的职业选择。社会环境及家庭的客观因素难以改变，因此，家庭的动力因素与学校的教育因素显得尤为重要。同时，高校又承担着为社会主义事业培养建设者和接班人的重要任务，如何整合社会和家庭因素，协同促进大学生职业价值观的养成，是高校职业价值观教育的重要内容。因此，大学生的职业价值观结构出现偏差可以从高校职业价值观教育方面查找问题和寻求对策。

三、高校职业价值观教育

高校职业价值观教育是为社会主义事业培养建设者和接班人的重要手段。了解高校职业价值观教育的基本内涵，剖析当前高校职业价值观教育存在的问题，是进一步发挥职业价值观教育牵引作用的基础。

（一）高校职业价值观教育的内涵界定

职业价值观教育是大学生思想政治教育和就业创业教育的重要组成部分，是教育主体向受教育者传输职业理论、职业观点的教育活动以及受教育者接受教育内容活动的有机统一过程。职业价值观教育指教育者通过一定手段和方法引导受教育者形成合理崇高的职业理想、科学客观的职业取向、正确积极的职业评价和健康乐观的职业心理等活动。

从教育目的上看，高校职业价值观教育是贯彻落实"培养什么人、怎样培养人、为谁培养人"这一重要论断的教育实践，其目的就是要引导大学生树立为社会主义事业奋斗的崇高职业理想，把个人发展融入社会发展之中。

从教育过程上看，高校不仅要结合国家的教育要求，更要立足学生的需求，循序渐进地开展教育工作；而大学生则应当自觉学习吸收教育内容内化于心，结合自身实际与社会环境外化于行。

从教育内容上看，高校职业价值观教育需要构建丰富的教育课程体系，从对个别学生的求职指导到针对所有学生的职业生涯指导，涉及职业认知、职业理想、职业规划、职业道德、创新创业教育等方面的教育内容。

从教育方法上看，高校职业价值观教育依托于课堂教学、校园文化、社会实践、咨询指导等方式，将理论灌输与实践探索结合起来，引导教育大学生正确理解自我、职业、社会及其相互关系，从而将个人发展与社会发展结合起来。

高校职业价值观教育是高校引导大学生树立崇高的职业理想，建立科学的职业认知、职业评价、职业选择体系，以及养成高尚的职业操守的教育过程。高校职业价值观教育主要包括以下几方面：

第一，以职业认知为基础。职业认知包括对自身兴趣与能力、对职业以及行业环境等方面的认识。第二，以职业理想为导向。职业理想是人们实现个人生活理想、道德理想和社会理想的手段，源于职业动机，产生的根源在于自身职业需要（工资、福利、声望、社会评价等），同时受个人以及社会价值观影响，并受社会理想的制约。第三，以职业评价方式为标准，形成自身对不同职业的评价，是对主、客观因素综合考虑后做出来的价值判断。第四，以职业选择为取向。职业选择包括就业、待业、创业等形式，是职业价值观的外在行为表现。第五，以职业操守为规范。职业操守是个体在职场所体现出的职业精神、职业道德、职业伦理等内容。

（二）高校职业价值观教育的应然要求

1. 高校职业价值观教育以时代要求为基石

社会主义大学培养人才的核心目标是培养社会主义事业的建设者和接班人，就业工作重点在于"帮助学生树立正确的就业观念，引导学生到基层、到西部、到祖国最需要的地方建功立业"。一方面，对大学生而言，职业价值观教育可以帮助其在社会大背景下对自己进行准确定位，促进个人发展；对高校职业规划与就业创业指导工作而言，职业价值观教育可以增强整体工作的价值引领成效，提升就业质量。另一方面，对社会而言，职业价值观教育可以促进人才配置优化，缓解在新旧动能转换关键时期里就业总量与结构性矛盾并存的压力。

2. 高校职业价值观教育以立德树人为职责

当大学生出现职业价值观结构偏差问题时，职业价值观教育需发挥出"牵引"功能。所谓牵引，即指"拉、拖；引动、引起"的动作，是康复方法之一，通过特定装置对人体某变形部位进行牵拉练习，在不产生额外压力的情况下帮助病人逐渐恢复正常。而就职业价值观教育而言，在十几年的成长过程中大学生职业价值观已具雏形，其中消极的因素需要通过职业价值观教育予以摒除或修正，积极的因素需要职业价值观教育予以吸纳和导入。通过循序渐进的渗透式教育，"牵引"大学生树立正确的职业价值观。

（三）高校职业价值观教育以价值需求为导向

一方面，需求是职业价值观的基础，可以决定职业价值观的结构，什么样的需求就主导产生什么样的职业价值观，需求强度决定价值观强度。例如，具有利他倾向需求的人就会在工作中不断追求有助于社会发展的事业；具有自我实现需求的人就会不断追求兴趣度最高或者社会评价最高的事业。另一方面，职业价值观又会反作用于需求，可以对需求体系做出指导和评价，起到一定调节作用。因而，关注大学生的需求，是职业价值观教育需要注意的重点内容。

通过对职业价值观教育的内涵分析发现，职业价值观教育是从教育主体施教到教育客体接纳吸收的过程。在这个过程中，不仅包含教育主体的供给，也包括教育客体的需求。马克思指出，需求是人的本性，是人们从事活动的原动力和原目的。

需要注意的是，高校职业价值观教育务必立足于大学生的需求，深入学生内心，才能发挥"引"的作用。当前高校灌输式的职业价值观教育还不够吸引人，没有广泛激发大学生的兴趣，导致教育的效果削弱。人的需求是分层次的，马斯洛把人的需求分为三个层级，即"社会自然需求""社会谋生和占有需求""自我实现和全面发展需求"。马斯洛的需求层次理论指出，人的需求依次由低到高分为生理需求、安全需求、爱和归属需求、尊重需求、自我实现需求五类。只有低层次需求得到满足并得以释放后，人们才会追求更高层次的需求。因此，高校职业价值观教育不能脱离了学生需求讲社会主义核心价值观。另外，高校职业价值观教育要不断创造学生需求，"牵"着学生追求更高层次的需求。根据马克思的"需求上升规律"，当人们在一定范围内的需求得到满足后，就会"游离、创造"出新的需求。高校职业价值观教育只要不断地满足学生需求，那么大学生群体就会不断产生新的需求。要应对大学生新的需求，高校职业价值观教育就要创新形式和内容。在这个螺旋攀升的过程中，高校职业价值观教育要发挥主动"牵"的作用，逐步优化大学生群体职业价值观结构，引导学生担当社会责任，自觉把个人发展融入社会发展之中。

总之，高校职业价值观教育在立足学生需求、满足学生需求、创造学生需求等方面需要发挥"牵引"作用，以满足学生发展与社会进步。现实中暴露的大学生职业价值观结构偏差问题间接反映出高校职业价值观教育在供给方面还存在问题，需要进一步研究分析，从而提出优化供给的对策。

第二节　优化高校职业价值观教育

大学生职业价值观结构中存在的个人价值与社会价值平衡困境，暴露出高校职业价值观教育在供给主体协同、供给内容融合和供给方式创新上存在问题。职业价值观教育供给方面有待进一步优化，发挥协同合力育人的"牵引"功能，强化社会主流价值观的引领作用，丰富思想政治教育工作的方式方法，以满足科学的大学生职业价值观塑造的需求。

一、优化职业价值观教育的供给主体

大学生职业价值观的塑造受到社会、学校和家庭等方面因素的共同影响，因而教育供给主体的优化必须在以下几方面下功夫：

（一）社会、学校、家庭协力育人

职业价值观教育不可能脱离外部环境单独存在。在学校发挥"牵引"功能的同时，社会和家庭也需要一同发力、共同作用，只有努力协调各方力量才能促使大学生职业价值观朝着教育者期望的方向发展。

一方面，要营造良好的社会舆论环境。网络等传播媒介成为大学生获取信息的主要渠道，大学生能够从中获取到社会大众对于职业理想、择业观点、职业选择、职业道德等各方面的评价标准。事实上，并非市场"无业可就"，而是大学生"有业不就"或职业价值观错误导致的。如何合理分析和探讨现象背后的原因，树立"行行建功""处处立业""行行出状元"的多元择业观，是大众传媒机构应当担负起的社会责任。此外，弘扬社会主义核心价值观视角下的职业价值观，创造融入社会需要的主流舆论导向，大力宣扬大学生下基层、自主创业等，毫不留情地鞭挞拜金主义、享乐主义等消极颓废的错误职业思想，亦是当务之急。

另一方面，优化家庭教育的感染作用。作为社会最基本的组成细胞，家庭是学生最初也是最长时间接受教育的场所，直接影响他们的思维方式和行为模式。择业过程中，学生容易受到父母价值观与职业期待的影响。对于去基层、去西部地区就业等，家长持有的不同观点，可能会限制高校毕业生的职业选择。如何客观理性地分析子女实际情况与行业、职业要求的匹配度，鼓励子女将自我需要与社会发展结合起来，避免就业盲目性与功利性，需要家长自身明确培养儿女做社会有用之人的目标，加强日常沟通、引导，以身作则树立起鲜活的职业榜样。同时，对学校而言，如何与家长保持联系，协同作战巩固教育效果，有赖于相关制度或机构的建立，例如开通家长信箱、举办就业政策主题家长会等。

（二）学校内"三支队伍"协同育人

当前大部分高校还是以高校辅导员为主体，对大学生开展就业指导工作。然而，高校辅导员普遍存在自己所学专业与指导的学生所学专业不一致的情况，而且高校辅导员一般是毕业后直接到高校工作，缺乏社会工作经历。此外，部分高校辅导员并不具备思想政治教育专业背景，在开展职业价值观教育时难以讲深、讲透。因此，有必要优化职业价值观教育供给主体结构，推进"三支队伍"的协同，即思想政治教育教师队伍、专业课教师队伍和高校辅导员队伍，充分发挥各支队伍的育人优势，互为补充，从而促进思想政治教育与专业教育的有机结合，普遍性教育与针对性教育的有机结合，理论教育与实践教育的有机结合。

第一，高校要积极探索"三支队伍"的有效协同机制。一方面，"三支队伍"具有协同的政策基础。另一方面，"三支队伍"具有协同的目标基础。高校就是要把大学生培养成德智体美劳全面发展的社会主义事业的建设者和接班人。"三支队伍"只要目标明确统一，必然会主动寻求协同，形成合力。

第二，高校要积极探索"三支队伍"的有效育人平台。高校要在顶层设计上搭建项目平台促进"三支队伍"融合，带动全校师生共同提升价值观教育实效性。在平台建设中要遵循三大育人规律，将解决思想问题与解决实际问题结合起来，进一步解决职业价值观教育工作中的不平衡不充分问题；要着力探索如何健全机制、整合资源、科学管理、建设师资队伍、创新载体，着力打通"三全育人"最后一公里，深化全员全过程全方位育人格局。

二、优化职业价值观教育的供给内容

（一）中华民族伟大复兴的中国梦

职业价值观教育的重点是职业理想教育。职业理想是个人理想的重要组成部分，反映了个人的职业追求和价值取向。职业理想是以自身职业兴趣、职业能力和职业情商等因素为评估基础，对自己未来所从事的职业设定的一种预期的目标；是人们对未来工作行业、工作种类及事业成就大小等的向往和追求。正如托尔斯泰所言：理想是指路明灯，没有理想就没有坚定的方向，而没有方向就没有生活。

引导大学生树立崇高的职业理想，把个人职业理想与社会理想同向同行，首先要以中华民族伟大复兴的中国梦引领大学生职业理想。中国梦是中国人民发自内心的自觉和自醒，一方面表明历史上的中国是辉煌的，另一方面也包含新的时代内涵。我们所说的中华民族伟大复兴，就是指在经济实力、政治实力、文化实力、国防实力、外交实力和国际影响力等方面，重新回到中国曾经有过的世界领先地位。

中国梦是近代中国的社会理想，是全体中国人民的共同夙愿，其具体表现为国家富强、民族振兴、人民幸福。可见中国梦既包括个人梦，也包括国家梦、民族梦。中国梦体现了社会理想和个人理想之间辩证统一的关系。个人理想是社会理想的基础，社会理想是个人理想的前提，社会理想对个人理想具有导向作用。个人理想只有同国家和民族的前途和命运相结合，个人的价值追求只有适应社会的需要，才可能变为现实，而社会理想要依靠社会个体的努力奋斗才能实现。因此，用中华民族伟大复兴的中国梦引导学生的职业理想，有助于大学生树立明确的奋斗目标，坚定正确的奋斗方向。

（二）社会主义核心价值观

社会主义核心价值观是社会主义核心价值体系的核心，体现社会主义核心价值体系的根本性质和基本特征，反映了社会主义核心价值体系的丰富内涵和实践要求，是社会主义核心价值体系的高度凝练和集中表达。社会主义核心价值观是当代中国精神的集中体现，凝结着全体人民共同的价值追求。中共中央高度重视社会主义核心价值观的学习和实践。社会主义核心价值观是职业价值观教育的重要内容，而职业价值观教育是学习和践行社会主义核心价值观的有效方式。

"富强、民主、文明、和谐"是国家层面的价值目标，是我国社会主义现代化建设的奋斗目标，是中国梦的未来呈现。马克思指出：历史承认那些为共同目标劳动而使自己变得高尚的人是伟大人物，经常赞美那些为多数人带来幸福的人是最幸福的人。以国家的共同目标指引个人奋斗目标，引导学生坚定"道路自信、理论自信、制度自信、文化自信"，引导学生关注涉及国家发展和社会进步的岗位需求，有针对性地提升个人能力素养，树立明确的职业理想，积极响应国家号召，到祖国最需要的地方建功立业。

"自由、平等、公正、法治"是社会层面的价值取向，是对中国特色社会主义社会的美好期许，高度反映了中国特色社会主义的基本属性，是中国共产党长期实践、矢志不渝的社会价值目标，它从根本上体现了"人生本平等、职业无贵贱"的社会价值思想。以社会层面的核心价值观引导学生树立正确的职业发展观，不以金钱论英雄，学会尊重每一种职业，要敬畏法律、敬畏公德、敬畏职业，坚持公平公正的原则，自由竞争，自觉摒弃"走门路""找关系"的错误观念，引导广大青年学生共同营造"自由、平等、公正、法治"的和谐社会。

"爱国、敬业、诚信、友善"是公民个人层面的价值准则，是公民基本的道德规范，彰显了中华民族的传统美德。而职业道德是公民道德在职场活动的具体体现，因此，应该加强个人层面的社会主义核心价值观教育和实践，引导学生正确认识个人与国家之间的关系，培养学生的爱国情怀，立志以振兴中华为己任，促进民族团结，维护祖国统一；教育学生，走到工作岗位上要勤奋踏实，兢兢业业，激发学生想干事、能干事、敢干事的职业精神；传承和发扬中华民族的传统美德，诚实劳动，诚实守信，待人诚恳，互相尊重，互帮互助，共同构建社会主义新型的职场人际关系。

（三）中国精神

中国精神是中华民族的脊梁，是社会主义核心价值体系的精髓，是以爱国主义为核心的民族精神和以改革创新为核心的时代精神的统一。中国精神是凝心聚力的兴国之魂、强国之魄。中国精神这个魂既纵贯于我们民族的历史长河，也横亘于中国大地，这是国家发展的需要，是社会进步的需要，是人民幸福的需要。

首先，把中国精神融入职业价值观教育中，就是要激发广大学生的职业精神。职业精神是社会精神的充分体现，职业精神不单由企业文化决定，在一定程度上也是民族精神和时代精神的客观反映。在以和平与发展为主题的国际形势下，国与国之间是没有硝烟的战争，聚焦的是经济实力的较量。当前，我国经济发展步入了新常态，处于艰难爬坡的阶段，必须依靠全社会的共同努力，才能实现我们的宏伟蓝图。大学生是社会主义事业的建设者和接班人，是推动社会发展的生力军，因此，需要加强以中国精神为核心的职业价值观教育，培育大学生的职业精神，引导大学生把职业精神转化为职业实践，并在职业实践中强化职业精神。

其次，要加强以改革创新为核心的时代精神教育。创新是一个民族进步的灵魂，是国家兴旺发达的不竭动力。我们要培养大学生的创新意识，鼓励大学生敢于批判、敢于怀疑、敢于犯错误，重视创新；培养创新的思维品质，突破思维定式，学会逆向思维、转向思维，培育大学生的强烈的好奇心、丰富的想象力，积极大胆、开放活跃的思维方式；培养大学生的科学精神，构建广阔深厚的科学知识体系，掌握较为完备的科学方法体系；开发大学生的创新能力，培养大学生良好的独立性、缜密的批判性、诙谐乐观的幽默感、敏锐的洞察力和灵活性、强烈的责任感、朴实的事业心、坚毅的自信心、顽强的意志力、坚强的挫折力，形成坚定乐观、坚毅顽强的性格，健全大学生的创新人格。

三、优化职业价值观教育的供给方式

（一）明确基本原则

高校在优化职业价值观教育过程中，为保障教育者遵循教育规律、规范教育行为、合理使用教育方法，需有一定的基本原则为改革指明路径和方向。

1. 坚持普遍性和针对性相结合

目前，大学生接受职业价值观教育的时间和机会大部分只能集中在思想政治理论课

堂，而思想政治理论课的方向性、系统性、目的性、针对性和可操作性也是其他教育途径无法比拟的。

需要注意的是，大学生职业价值观的形成和表现形式都具有明显的层次性和个体性。对个别大学生的职业价值观教育问题，仅靠普遍性教育是不能解决的，还要进行针对性的个别指导，增强职业价值观教育的辐射力度和针对效果。

大学生职业价值观教育要"以人为本"，就是要使得教育内容、教育方式符合学生个体的特点和需求，从大学生的思想实际出发，把握不同层次、不同个体的大学生的实际特点，注重教育内容的差异性和教育方式的灵活性。针对每名学生的个性特点和个性差异发展学生的潜能，因材施教实施最适合学生个性发展的教育。侧重学生个体的职业价值观教育，就是将针对性教育贯穿到职业价值观教育的过程，让每名学生都能在适合自身的方面得到更好的发展。

2. 坚持需求驱动和主动引导相结合

坚持以满足国家和社会需求为主导，构建大学生职业价值观教育体系。价值观的多样性具有社会合理性。不可否认，大学生价值选择、价值取向的多样性使教育的难度增大。在职业价值观教育的过程中，不仅要使教育者发挥自身的主体性，也要充分调动大学生的主观能动性，让他们能够独立解决自己面对的职业价值观问题。在尊重学生自身择业认知差异的基础上，还要从大学生的现实利益切入，以价值引导和利益诱导为双边建立二者统一的教育机制，并逐步使多样化的职业价值观教育效果统一至主导性的教育目的，使得大学生的择业行为是知行统一的自觉行为。

因此，对大学生进行职业价值观教育，必须使需求驱动教育与主导性教育相结合，全面优化大学生进行自我教育的外部环境，使他们通过外部丰富的教育活动全面了解社会、认识职业，并根据国家和社会的需要，不断引导其对自己的职业价值观进行调整和完善，调动其主观能动性和积极性等内部因素，从而使教育效果最优化。

3. 坚持理论教育与实践渗透相结合

大学生职业价值观教育既有思想教育，也有职业指导。思想教育主要是解决他们的思想问题，而职业指导则是解决他们现实面临的实际问题，二者之间有着内在联系。学校的职业价值观教育内容的两面性，表明教育的方式方法也具有多样性。优化大学生职业价值观教育，需要遵循理论教育与实践渗透教育相结合的原则，若仅以单方面的填鸭灌输和机械训练等教育形式很难取得预期效果。

一般来说，一个人的观念形成不是完全自发产生的，而是必须有一个知识灌注的过程。理论教育的主要表现方式之一是开设相关课程。在课堂教学中，大学生能够接受职业价值观的相关理论知识，并将这些知识内化为自己的意识和观念。而将这一观念外化为自身行为的过程，需要实践渗透教育。一定的社会实践和人生经验是这些转化的推动力，其中社会实践是产生人生经验的有效途径，可以提升大学生将价值观念的意识转化为行为的能力。

因此，理论教育与实践渗透教育相融合，使得教育中既有正面的引导和说教，又把教育内容、目的等渗透全与大学生学习生活相关的活动或环境之中，使无形的教育通过有形的活动实现对大学生的职业价值观教育，增强职业价值观教育的说服力和感染力。

（二）丰富供给方式

职业价值观教育应当注重价值观引领的内化于心与外化于行，不断丰富教育供给方式，主要供给方式可分为价值引导、价值渗透、价值干预。

1. 价值引导

首先，加强示范教育。通过身边大学生或知名校友职业生涯发展中的典型人物或事件，课堂上或校园文化中宣传，引导学生了解、分析职业价值观，转变大学生的职业发展观念并提高职业发展素质。其次，创新激励教育。通过一定物质或精神嘉奖方式进行目标激励、奖罚激励、竞争激励，激发大学生职业发展的主观需求，鼓励大学生为树立科学的职业理想和培养良好的职业精神而努力。再次，尝试自我教育。强调学生在职业价值观学习与实践中的主体地位，通过自我批评、自我反思等方式，采取诸如自我关键词总结、自我成就故事等举措，巩固教育成果，鼓励学生积极观察自我、完善自我、梳理自我职业价值观，深入分析职业观念形成的原因，引导大学生在职业实践中不断反思职业观念、目标设置的科学性，体会职业精神、道德的重要性，理解职业素质、能力与理想的匹配性。

2. 价值渗透

首先，注重情感陶冶，将道理融于情感之中，以情育人、以境感人，润物无声，在无形中感受科学职业价值观的力量。一方面，在各类职业发展咨询中尊重大学生心理需求和心理发展规律，强调以共情、倾听的方式，充分了解大学生的实际情况和各种困惑；另一方面，在团辅活动、典型人物塑造中通过电影、音乐、演讲、图片等手段营造一种使大学生产生情感、激发思想波澜、引起情感共鸣的良好氛围。其次，强调隐性德育，采用间接的方式影响学生，通过打造校园活动，营造精神文化环境。再次，开展实践活动，例如，通过企业宣讲会志愿者服务活动了解岗位诉求与职业发展；在参观访问中全面了解职场环境与企业文化，感受职业道德与职业精神；在社会调查与暑期实践中，深入挖掘民生问题与专业应用相结合的案例，引导大学生脚踏实地，感知就业大背景。

3. 价值干预

主要采用个性化、针对性的个体咨询与引导方式，就个别大学生由于职业价值观结构偏差出现的消极、盲目、庸俗、急功近利、不思进取等问题，采取思想转化的方法。通过共情与理解，换位思考学生关注的问题，在具体事例的分析中与学生探讨职业价值观的构成要素及其排序，达到"牵引"纠正学生职业价值观偏差的目的。此外，也可以通过让受教育者按照法律、规章制度、纪律、社会道德规范要求约束自己的行为，纠正自己的错误行为，强化教育效果。

需要注意的是，在职业价值观教育方式的选择与使用时，需要不断提升职业价值观教育的针对性和有效性，在面对不同学生时，能够根据学生具体情况区别对待，不一概而论。

总之，优化供给，充分发挥大学生职业价值观教育的"牵引"作用，高校需要立足大学生共性问题与个性需求，提高职业价值观教育的质量和效果，整合并合理配置职业价值观教育供给中的全部要素，提高"产品"和服务质量，从而提高教育供给质量和供给要素配置效率，达到有效供给，提升职业价值观教育供给过程要素对大学生需求变化的适应性、针对性和灵活性，更好地满足大学生成长成才和适应社会的需要。

第三节 大学生就业指导及职业教育课程化

一、大学生职业教育课程化与就业指导

即将进入职场的大学生对于未来的职业生涯一定会充满憧憬和好奇，甚至也会出现一定程度的彷徨情绪。而辅导员的一个重要职责就是对大学生的就业进行适当指导，让他们认清当前的社会现状，也认清当前的就业形势，并且明白就业指导相关内容对大学生就业具有重要的指导作用。

（一）大学生就业课程化指导的内容概述

大学生的就业指导直接影响他们的核心价值观，而随着教育体制的改革，高校的就业指导呈现越来越多的新特征。

1. 大学生就业指导的含义

高等学校通过一定方式对大学生进行就业政策教育、就业形势分析、择业心理调适及择业技巧等的培训，帮助大学生规划职业生涯，并树立正确的价值观和择业观的活动就是大学生就业指导教育。其实质是，高校通过就业指导帮助学生在对自我充分认识的基础上，引导大学生树立正确的世界观、人生观、价值观和就业观，确定最适合自己的职业，进而实现自我价值和社会价值。

2. 大学生就业指导的特征

随着高等教育体制的不断改革和高校就业体系的不断完善，时代赋予高校就业指导以新的特征。

（1）政策性

高校的就业指导工作政策性极强。就业指导教育必须根据国家和有关部门制定的有关就业的政策、规定、办法，来指导大学生就业。

（2）时效性

大学生就业、社会经济发展状况、国家的就业政策、从业人员的素质四者之间是密切相关的。因此，高校就业指导就必须以一定时期国家的就业政策规定为依据，按照当时社会经济发展形势及对从业人员的基本要求对学生进行教育引导，具有时效性。

（3）引导性

高校的就业指导主要针对择业观念、职业与自我认识、心理健康教育与调适、择业方法与技巧、就业形势等方面对大学生进行教育，帮助学生认清当前就业形势，树立正确和健康的择业心理，戒骄戒躁，克服就业过程中可能遇到的焦虑、攀比、自负或自卑、盲目从众等各种心理，因此具有很强的引导性。

（4）系统性

大学生就业指导教育已经发展了多年，其教育内容日趋完善，随着社会的发展与进步，就业指导教育的系统性和科学性也在不断完善。高校的就业指导教育由择业技巧指导转向心理调适，以引导学生树立正确的价值观和择业观为重点，同时对学生进行政策讲解、就业形势分析、择业技巧指导、敬业爱业的系统指导教育。

（二）辅导员就业课程化指导的基本内容

从近几年的发展来看，我国大学生就业指导的内容经历了一个从就业教育指导向就业实践指导的不断扩充完善的过程。

1. 就业思想指导

就业思想指导教育是高校就业指导教育的重要内容。当前，受不良社会风气的影响，大学生在择业过程中凸显目的性、功利性的特点，盲目地效仿事业成功人士，择业标准脱离实际，因此，加强就业思想指导能够帮助学生正确处理个人和社会、奉献与索取的关系，从而树立正确择业标准。同时，就业思想指导能够帮助学生树立诚信意识，确立高尚的职业道德、良好的道德修养和个人信誉，对大学生的成才和发展极为重要。

2. 就业心理辅导

当前社会中，即将毕业的大学生面临着比较严峻的就业形势，随之而来的就是众多大学生因为择业而逐渐出现心理方面的问题，这种情况进而会对他们的就业造成严重影响，这样的恶性循环对于大学生是非常不利的。因此，高校的就业心理指导应从以下几方面入手：

（1）择业心理的辅导

帮助大学生完成从学业到职场的转变，而良好的择业心理，是成功实现这一转变的前提。

（2）心理承受能力辅导

培养大学生自信、自强的心理品质，拥有良好的心理承受能力，指导大学生正确对待挫折。

（3）心理健康的辅导

及时的、有效的心理健康教育辅导，有助于学生心理问题的预防和解决。

3. 就业政策指导

（1）对就业政策进行解说

使学生掌握国家制定的全国性就业政策，有关部门和行业性、区域性的就业政策，以及学校制定的有关具体实施意见，按有关规定引导高校大学生顺利就业。

（2）对劳动法规进行学习

让学生了解《中华人民共和国劳动法》《社会保险费征缴暂行条例》《国家公务员暂行条例》《国家公务员录用面试暂行办法》等相关的法律法规，让学生了解在就业过程中如何充分保护自身的就业权利。

4. 就业信息指导

通过加强就业信息指导，使学生掌握获取就业信息的主要方法，包括以下几方面：①国家、省市相关劳动就业部门或劳动力市场供需情况。具体主要是提供大型的人才招聘会信息或者是某一类专业或人才市场招聘的供需情况。②具体就业信息的指导情况。帮助毕业生提高搜集、获取、利用信息的能力，提高信息筛选的有效性，分辨真伪信息等，进而做好就业信息指导。

5. 就业技巧指导

大学生由于初入社会，相关的就业技巧和实战经验相对比较欠缺，在就业的过程中自然就会遭遇到相对的挫折。因此，辅导员在进行就业指导教育的时候就要适当对这些方面进行教育和指导，通过培养和锻炼增加学生的就业信心。高校可以通过以下两方面来增加学生的就业技巧：通过模拟训练和案例分析，让学生体验实战经验；从商务礼仪、面试技巧等方面进行综合演练、提高，并请专业的礼仪教师和竞聘成功的同学来进行评价，让学生在实践中学会求职的基本技巧。

二、大学生职业教育课程化与职业生涯规划教育

所谓的职业生涯规划教育，就是通过详细而系统的教育，让学生掌握一定的求职或规划人生的科学技巧，在未来的职业道路上能够尽可能减少弯路，最终实现自己的职业目标。

（一）职业生涯规划的内容概述

良好的职业生涯规划能够帮助学生树立正确的择业观，辅导员在对大学生进行职业教育或就业指导的时候要让学生有一个良好的职业规划，将影响职业生涯规划的主要因素告诉学生。

1. 职业生涯规划

职业生涯规划这一概念由管理学家诺斯威尔（Northville）最先提出。职业生涯规划是指一个人对其一生所有与职业相关的活动与任务的计划或预期安排，它涉及以下两方面的内容：①个人对于人生理想、职业价值观、兴趣爱好、个性特征、能力状况等主体方面的认识。②个人对其一生中职业发展、职位变迁及工作理想实现过程的设计。

职业生涯规划是一个人结合自己的兴趣、专长，并考虑外在条件影响的情况下，为了发挥自身优势，追求最符合自身综合素质因素的事业。职业规划是一个系统工程，主要取决于两方面：①社会发展的客观需要，特别是社会职业的现实要求。②大学生自身的实际情况。

职业生涯规划是一种个性化的职业设计方案，是在个人职业目标的统领下，结合自己

的专业、社会职业岗位要求和就业形势等，根据自身综合能力、职业技能制订的个性化的实施方案。

2. 大学生职业生涯规划

大学生职业生涯规划就是指大学生在对主、客观因素与环境等条件进行分析的基础上，进行自我定位，设定自己的职业生涯发展目标，选择实现既定目标的职业，制订相应的教育、培训、工作开发计划，并按照一定的时间安排，采取各种积极的行动去达到职业生涯目标的过程。辅导员在对大学生的职业生涯规划进行指导的时候，要让学生做到以下几点：（1）全面客观地认识自身和外在环境。（2）确定个人的职业生涯发展目标。（3）做好理想职业目标的确定、自我评估和环境分析、选择职业生涯路线、制订行动计划及反馈调整等五个步骤。（4）必须遵守循序渐进的时间安排。（5）最终目的是要实现最初的职业目标。

3. 大学生职业生涯规划的要素

每个人经历不同，在职业生涯规划的构成中所考虑的因素也就不同。在知己知彼的基础上推导出选择，而所谓的职业生涯规划=知己+知彼+选择，只有这样才能在职业生涯中少走弯路，尽快实现自己的人生价值。

在职业生涯中，所谓"知己"也就是对自己个性和能力的认知与了解；"知彼"也就是对周围环境的熟悉程度，特别是与生涯目标发展有关的内容。知己、知彼相互关联，确定的个人生涯目标要符合现实，而不是一厢情愿地对从事的工作发挥专长；利用个人的强项，对工作的环境能够适应，而不是感到处处困难，难以生存。也就是说要想正确规划自己的职业生涯，一定要做到在"知己""知彼"的基础上，做出正确的"选择"。

（二）大学生职业生涯规划的课程化研究

辅导员在进行职业教育或就业指导的时候，要因人而异。不同的人，其职业生涯规划也是不尽相同的，要受到诸多因素的影响，其中影响较大的因素有家庭、社会背景等。因此，要让大学生在规划自己的职业生涯时，根据自己的实际情况，综合各方面因素，找出最有效发展方向和方法，做出有利于自己的最合适的职业规划。每个人的职业生涯都会受到家庭、社会等多种因素的影响。

1. 影响职业生涯的主要因素

职业发展是个极其复杂的过程，任何一种因素的改变，都会对职业规划和发展造成不同程度的影响。

（1）受教育程度

一定程度上，职业生涯的发展程度如何，很大程度上取决于个人的受教育程度。教育能够赋予个人才能、塑造个人人格。一个人的知识结构、能力、才干是接受教育的结果，某人所受到的教育程度和水平，直接影响他的职业选择方向和取得他喜欢的职业的概率。

（2）价值观

个人的价值观直接影响职业生涯的发展。每个人面对同样的工作都会存在不同的态度与看法，即价值观，进而决定是否选择。在择业时，不同年龄段和阅历的人，会针对自己的主客观条件进行选择和调整，每个人都不尽相同。

（3）性格

不同的人拥有不同的性格，而不同的性格将会对人的职业规划选择和未来的职业发展造成较大程度的影响。一个人性格主要取决于他的生长环境，人们只有从事与自己性格相符的工作，才能充分展现自己的才华，全心全意地投入到工作之中，进而实现自我价值。

（4）身心健康状况

大学生在对自己的未来职业进行规划的时候，不仅要考虑到自己的专业和能力，身体健康情况也是非常重要的一方面因素。身心健康是工作的最基本前提，直接影响到个人的职业生涯发展，几乎每个职业都需要健康的身心，这是走向职业成功的一个基本条件。当然，在职业的发展过程中，身体健康是充分条件，但并不是必要条件，如果一个人有坚定的信念和充足的能力，照样也可以完成伟大的事业。最具代表性的人物就是霍金、张海迪、海伦·凯勒等，他们虽然在健康因素中与常人相比稍逊一筹，但他们的事业与健康的人相比毫不逊色，甚至更高一筹。

（5）机遇

机遇在很大程度上直接决定这个人的职业生涯，它虽然是一个偶然性因素，但有时候能起到至关重要的作用，很有可能改变人的一生。然而，机会总是留给有准备的人，也就是说，机会出现时，有准备的人更容易掌握主动权。

2. 大学生职业生涯规划的原则

大学生如果采取正确的方式对自己的职业进行规划，并结合自己的专业和能力，在职业的进程中自然就会事半功倍，相反，不正确的职业生涯规划也可能使一个人误入歧途。正确制订职业生涯规划应遵循下列几项原则：

（1）可行性原则

职业生涯规划要以客观事实为依据，综合考虑个人特点、企业和社会发展的需要来制订，形成能够实现和落实的计划方案，而不是没有依据或不着边际的幻想。

（2）具体性原则

每个人所处的职业发展阶段不同，在能力、职业发展愿望等特点上存在差异，因此，每个人都应该制订符合自身职业发展的规划，应做到具体可行，而不是照搬他人。

（3）阶段性原则

个人进行职业生涯设计时，要充分考虑自身所处的不同阶段，结合自身状况及外界因素有计划、有目的、有步骤地调整安排各个阶段的职业生涯规划。

（4）长期性原则

大学生在对自己的职业生涯进行规划的时候，一定要目光长远，将自己的人生追求目标作为自己职业规划的重点。职业生涯规划应贯穿人生发展的每一个阶段，通过调整与持续的职业活动安排，最终实现职业生涯发展的目标。

3. 大学生职业生涯规划的步骤和方法

一个完整有效的职业生涯规划应包括自我评估、外部环境分析、目标确立、实施策略和反馈评估五个环节。

（1）自我评估

大学生在对自己的职业生涯进行规划的时候，一定要对自己的专业和能力有一个清晰的认知，对各种因素进行全面分析之后，并以此为基础做出最佳的抉择和正确的判断。

（2）外部环境分析

外部环境对个人职业生涯发展有着巨大影响，有效的职业生涯规划需要对社会政治环境、经济发展环境和企业组织等外部环境进行分析，认清职业在社会大环境中的发展状况，进而时刻调整自己，以适应环境的要求。

（3）目标确立

职业生涯目标的确立是职业生涯规划的核心，是在完成自我评估和环境分析后进行的，即确立能够实现的最长远目标，包括人生目标、长期目标、中期目标和短期目标。

（4）实施策略

确定职业生涯目标后，就要制订相应的行动计划，制定具体可行，容易评价，包括职业生涯发展路线、教育培训安排、实践计划等方面的措施。

（5）反馈评估

任何一个人的职业生涯规划都不是一成不变的，随着时间的推移，不同的人会遭遇不同的境况，因此他的职业生涯规划也就会发生相应改变。一个有效的职业生涯规划要求不断反省和修正目标及策略方案。由于受到外界种种不确定因素的影响，职业生涯的目标有所偏差无可避免，所以反馈评估是一个再认识再发现的过程，进而对规划的目标和方案做出调整，保证实现人生最高理想。

三、大学生创业者的基本素质与主要能力

自主创业是就业的一种形式，所不同的是自主创业是为自己创造就业岗位，是对所从事工作的不断超越。创业者须具备一些特殊的素质和能力，因此，大学生要不断培养自己的创新意识，为将来的创业之路做好准备。这些也是辅导员职业教育和就业指导的一个重要内容。

创业者就是通过自主创业，在追求个人富足和自身价值实现的同时，创造社会财富和吸纳劳动力，切实为国家经济发展和社会进步做出积极贡献的群体。而自主创业是极具挑战性的，所以创业者必须具备以下素质和能力：

（一）创业者的素质构成

在知识经济时代，创业是一项具有挑战性的人生选择，因此，创业者应具备的素质包括以下几方面：

1. 政治思想素质

政治思想方面的素质包括政治态度、政策法规水平、思想道德品质三大部分。创业者必须努力提高思想道德觉悟、提高政策法规水平，在个人利益与国家利益和集体利益相冲突时，服从国家和人民利益的大局，并且应具备爱岗敬业、诚实守信、遵纪守法等基本的职业道德。

2. 科学文化素质

创业者是企业的管理者、组织者，优秀的创业者不仅需要具备一定的专业技术，还应该掌握以下几方面的科学文化知识：基本的科学文化知识，外语、计算机等工具性知识；经济管理方面的知识，包括国家宏观经济发展趋势、有关政策法令，企业经营管理知识等，如领导学、人力资源开发、生产管理、市场营销、企业融资理财等；创业企业行业知识、产品和服务知识，以及与所创企业生产经营有关的政策动向等。

3. 心理素质

良好的心理素质是创业者成功的重要前提，创业者应具备坚强的意志、较强的自信心、创造性思维、创业意识，具有独立性、敢为性、坚韧性、克制性、适应性特点的创业心理品质以及承担风险的意愿。

4. 自身修养

创业者只有加强自身修养，在知识、能力、心理、道德修养等各方面具备持久的先进性和持续的影响力，才能获得追随者，才能获得企业的持续发展。

（二）创业者的能力构成

创业能力是综合能力，是多种能力的集合体。通过对创业人群进行性格和技能方面的调查发现，作为创业者，至少要有以下几方面的基本能力：

1. 领导协调能力

领导行为的核心在于影响和推动，其特征在于能够担负目标使命并使其他成员贯彻实施。创业者必须具备通过激发他人跟随其一起工作，以达到共同目标的领导能力。这种能力完全是一种主观性的东西，无法客观测度出来，也不能通过学习获得，完全是通过日常积累形成的。因此，在创业过程中，创业者更多的是靠个人感召力来吸引他人。领导者不能单纯告诉别人如何去做，势必要起到模范带头作用，要为其他人树立一个榜样。真正的领导才能不是表现在告诉别人如何完成工作，而是使得别人有能力完成工作，并且能够充分了解并满足小组中每个成员的需求，满足员工的需求，进而使得小组成员更忠诚、更有聚合力、更有活力。

2. 与人沟通的能力

良好的沟通能力是经营管理的桥梁和翅膀，不仅能够准确传达领导者意见、要求、决策，同时，还能广泛传播领导者的影响力。良好的沟通能够体现领导者的影响力。领导者通过与组织成员进行平等交流、协商，显示合作意愿，着眼于共同开创前景的同时，大大增强了组织成员的参与感和认同感，能够持续增加领导者影响力。

3. 观察能力

成功的领导者应具有敏锐的洞察力。成功的领导者具有广泛获取信息的能力，并且能够从全局的角度进行分析，进而确立目标，帮助组织成员建立信心，形成组织的信仰和价值观。在组织目标的确立过程中，领导者能够准确地观察业界的发展方向，形成独立的组织风格，确立企业的发展方向和服务范围，在这个过程中，直接体现领导者的洞察力。

4. 组建团队的能力

创业团队在创业过程中发挥着至关重要的作用。创业团队对创业成功的重要作用已得到风险投资家的广泛认同。优秀的创业团队具有较高的团队素质、先进的管理理念，因此，组建优秀的创业团队是创业者能力的体现。

第五章 高校辅导员职业能力培养

第一节 辅导员职业能力的要素

一、通用能力

通用能力，是指开展一般实践活动所需具备的能力。它是人的能力结构中最基础的部分，直接影响着其他能力的形成和作用的发挥。高校辅导员应具备的通用能力种类甚多。按照"业务精"的培养目标，着眼于大学生思想政治教育实际工作的需要，本书重点分析高校辅导员的学习能力、教学能力、表达能力、沟通能力。其中，学习能力在学习型社会的基础地位和重要作用决定了其成为通用能力的核心，其他通用能力是在此基础上的拓展和深化的。

（一）学习能力

学习能力是指高校辅导员掌握理论、知识和方法的能力。传道者首先要明道。高校辅导员要成为大学生健康成长路上的指导者，首先要努力学习大学生思想政治教育理论、知识和方法。高校辅导员应具备的学习能力包括：

1. 自主学习能力

自主学习能力是指高校辅导员根据大学生思想政治工作要求和自我发展需要，主动学习大学生思想政治教育理论、知识和方法的能力。面对思想活跃、视野开阔、创造力强的大学生，高校辅导员必须具备自主学习能力，能主动学习大学生思想政治教育专业知识和技能。高校辅导员应具备的自主学习能力具体包括：自学能力、自主选择能力和学习意志力。也就是说，高校辅导员要能自觉确定学习目标和计划，独立选择学习内容和方法，坚持培育学习的恒心和毅力。

2. 全面学习能力

全面学习能力是指高校辅导员广泛涉猎知识的能力。当今社会是学习型社会，高校辅导员要成为大学生思想政治工作的"多面手"，就不能满足于对大学生思想政治工作经验的学习，而应突破传统经验的狭小范围，学习相关学科的基本原理和基础知识、思想政治教育专业理论和方法、马克思主义中国化理论和知识、大学生思想政治工作实务知识、相关法律法规等。具体来说，高校辅导员的全面学习能力包括：信息获取整理能力、书本理解运用能力、知识继承借鉴能力、实践观察体验能力和人际交往学习能力等。也就是说，高校辅导员要能获取、处理大学生思想政治教育信息，领悟、应用大学生思想政治教育理论知识，创造性转化、创新性发展已有知识，考察、体验大学生思想政治教育实践，在人际交往中向他人学习。高校辅导员提升全面学习能力应努力做到：在"黄金屋"中向书本学习、在"三人行"中向他人学习、在"鲜活的实践"中向生活学习。

3. 创新学习能力

创新学习能力是指高校辅导员以求真务实为基点，运用创造性方法追求创新性学习成果的能力。加强和改进高校思想政治工作的基本原则之一就是坚持改革创新，推进理念思路、内容形式、方法手段创新，增强工作的时代感和实效性。高校辅导员要创造性地开展大学生思想政治工作，自身不能迷信权威、拘泥书本、墨守成规，不能满足于对已有知识的学习，而应该在学习中大胆提出新思路、新方法、新途径，努力成为大学生思想政治工作改革创新的先锋。高校辅导员应具备的创新学习能力具体包括：学习预测能力、知识转化能力、知识探究能力等。也就是说，高校辅导员在学习中要主动预判知识走向，创造性转化已有知识，努力探究本质和规律。高校辅导员提升创新学习能力应努力做到：培养创新意识，充分认识创新学习的价值、必要性；养成创新思维，以新颖独特的方式开展创新性学习；激发创新动机，产生持续创新学习的理性自觉和思维定式；投身创新实践，在创新学习中提出新思路、新方法、新途径；铸造创新精神，铸就敢为人先的科学精神、开拓创新的进取意识、严谨求实的科研作风。

4. 终身学习能力

终身学习能力是指高校辅导员为满足社会全面进步和个体全面发展的需要，终身求知、终身学习的能力。在浩瀚的知识海洋中，学习不可能一蹴而就，积跬步才能至千里，积小流才能成江海。高校辅导员必须具备终身学习能力，以时不我待、只争朝夕的紧迫感持之以恒地加强大学生思想政治教育理论、知识和方法的学习。高校辅导员应具备的终身学习能力具体包括：学习更新能力和学习发展能力。也就是说，高校辅导员既要更新知识也要创新理论。高校辅导员提升终身学习能力应努力做到：把学习当作一种习惯，站在建设学习型国家的战略高度，充分认识到终身学习的重要性；把学习视为生命之雨露，将其贯穿成长成才的全过程、工作生活的方方面面；把学习当作一种磨炼，以孜孜不倦、水滴石穿的精神，博采人类知识精华。

（二）教学能力

教学能力是指高校辅导员凭借已有知识和技能，有效完成教学任务的能力。高校辅导员的双重身份决定了其不仅要做好大学生日常思想政治教育与管理工作，还要承担思想政治理论课教学工作。高校辅导员作为思想政治理论课师资队伍的重要组成部分，应具备过硬的教学能力，努力将思想政治理论课讲成大学生真心喜爱、终身受益的优秀课程。

1. 教学选择能力

教学选择能力是指高校辅导员选择思想政治理论课教学要素的能力。切实增强大学生对思想政治理论课的获得感，需要高校辅导员具备教学选择能力，能根据大学生思想政治教育目标、大学生思想动态及发展期待有效选择教学要素。高校辅导员的教学选择能力具体表现为：第一，教学目标选择能力。教学目标是教学本质的反映，不仅影响教学内容的确定、教学方法的选择，还为衡量教学效果提供了尺度。教学目标的选择是高校辅导员开展教学活动的起点。高校辅导员在选择教学目标时不能只关注理论知识的识记，还应重视大学生思想政治道德素质的整体提升。第二，教学内容选择能力。教学内容是教学目标的具体化。高校辅导员在选择教学内容时不仅要根据大学生思想政治教育目标、大学生思想动态及发展期待，还要立足社会现实，聚焦社会重大理论与现实问题。第三，教学方法选择能力。教学方法是教学的实现形式。高校辅导员要具备教学方法选择能力，以提升思想政治理论课的亲和力和针对性为主旨，推动传统教育方法与现代教学方法的融合。高校辅导员在选择教学方法时，要注重选择符合教学目的、服务教学内容、满足学生需求的教学方法。第四，教学手段选择能力。教学手段是呈现教学内容的工具，直接影响教学效果。高校辅导员要具备教学手段选择能力，能根据不同教学情境选择语言、文字、视听设备、多媒体技术等手段开展教学活动。高校辅导员在选择教学手段时，不能单纯追求标新立异，应以提高教学质量为旨趣。

2. 教学整合能力

教学整合能力是指高校辅导员整合思想政治理论课教学要素的能力。思想政治理论课教学蕴含目的、任务、内容、方法、手段、环境等多种要素。凝聚教学力量、强化工作合力，需要高校辅导员具备教学整合能力，能灵活、有效地整合教学要素。高校辅导员的教学整合能力具体包括：第一，教学目的整合能力。思想政治理论课教学目的不是单一的，而是一个有机体系，根据不同标准可以划分为不同类型和层次。高校辅导员应具备教学目的整合能力，能根据大学生思想动态及发展期待整合教学目的。高校辅导员在整合教学目的时应注意将不同类型、不同层次的目的统一起来。第二，教学任务整合能力。思想政治理论课教学目的的多类型和多层次特性决定了教学任务的多样性。从总体上看，思想政治理论课教学任务可分为根本任务和具体任务。根本任务是统师，贯穿教学全过程、全方位、各环节，具体任务是根本任务的多层次分解，是根本任务的具体化。思想政治理论课教学的根本任务具有一元性，但具体任务具有多元性。这就需要高校辅导员具备教学任务整合能力，能将根本任务和具体任务统一起来。第三，教学内容整合能力。高校辅导员应具备教学内容整合能力，能将作为主线的社会主义核心价值观和具体内容统一起来，并根据大学生的实际情况加以具体运用。第四，教学方法整合能力。思想政治理论课教学过程具有阶段性，不同阶段要采用不同方法。同时，思想政治理论课教学形式具有丰富性，不同形式也要采用不同方法。高校辅导员要具备教学方法整合能力，能将种类繁多、形式不一的方法统一起来。第五，教学手段整合能力。思想政治理论课的教学手段丰富多彩，高校辅导员应具备教学手段整合能力，能将传统教学手段与现代教学手段统一起来。第六，教学环境整合能力。教学环境蕴含多种要素，根据不同标准可划分为不同类型。高校辅导员应具备教学环境整合能力，不仅能有效优化既定环境，还能主动创设良好环境。

3. 课堂管理能力

课堂管理能力是指高校辅导员规范课堂行为、协调课堂关系、优化课堂环境的能力。思想政治理论课课堂教学中，高校辅导员的主要任务是对大学生进行系统的马克思主义理论教育。实现这一目的，需要有序的课堂秩序、和谐的师生关系、良好的课堂环境做保障。因此，高校辅导员应具备课堂管理能力，不仅能"教"好学生，也能"管"好课堂。高校辅导员的课堂管理能力具体包括：第一，课堂纪律管理能力。规范性是课堂教学有效性的表征之一。高校辅导员应具备课堂纪律管理能力，能依据学校的课堂行为准则规范学生的课堂行为，促使学生认真学习。第二，课堂人际关系管理能力。思想政治理论课教学活动总是在一定的社会关系中进行的。高校辅导员应具备课堂人际关系管理能力，能对课堂教学中的师生关系、同学关系进行有效管理，创设良好的师生关系、和谐的同学关系。第三，课堂环境管理能力。良好的课堂环境是教学活动顺利开展的重要因素。高校辅导员应具备课堂环境管理能力，能布置舒适的教学环境、创设融洽的学习氛围、培育积极的心理情境。第四，课堂突发事件应对能力。课堂教学中难免会发生一些意想不到的事件，高校辅导员应具备课堂突发事件应对能力，能运用一定的方法和手段及时、冷静、有效地处理课堂突发事件，尽快使课堂教学回归有序。

4. 实践教学能力

实践教学能力是指高校辅导员开展实践教学活动，引导大学生运用马克思主义立场、观点和方法认识、分析、解决实际问题的能力。大学生不仅要真学、真信、真懂马克思主义，还要真用马克思主义。实践教学能架起理论通向现实的桥梁。高校辅导员应具备实践教学能力，能将理论教育与实践结合起来，引导学生在实践中受教育、长才干、做贡献。第一，丰富实践教学内容。高校辅导员在开展实践教学时首先要选择主旨鲜明的实践教学内容，实现思想理论教育和价值引领内容的具体化。第二，创新实践教学形式。高校辅导员开展实践教学活动时，既要深入开展社会调研、参观学习、生产实习、公益活动、志愿服务等传统实践教学经典项目，还要积极探索新时代实践教学精品项目。第三，整合实践教学资源。高校辅导员在开展实践教学时要调动一切可以调动的人力，利用一切可以利用的物力，挖掘一切可以挖掘的财力，在整合实践教学资源中打造实践育人协同机制。第四，拓展实践教学平台。高校辅导员在开展实践教学时要依托高新技术开发区、大学科技园、城市社区、农村乡镇、工矿企业、爱国主义教育场所等，形成形式多样的实践教学基地。第五，融合实践教学载体。高校辅导员应推动思想政治理论课实践教学与其他专业课实践教学、社会实践活动、志愿服务、创新创业教育等的融合，形成实践育人统筹推进的工作格局。

（三）表达能力

表达能力是指高校辅导员在大学生思想政治教育中表达思想、阐发观念、抒发情感的能力。高校辅导员要做好大学生思想理论教育和价值引领工作，应善于运用语言、文字、动作、表情等将自己的思想情感清晰、形象地表达出来。高校辅导员的表达能力具体包括：

1. 口头表达能力

口头表达能力是指高校辅导员通过口头语言表达思想情感的能力。口头表达能使思想感情的呈现直观化。谈心、讲话、座谈、讲座等面对面的交流是高校辅导员的重要工作方法。高校辅导员要在这些面对面的交流中取得理想的教育效果，需具备口头表达能力，能通过通俗的语言、生动的事例把核心思想浅显易懂地表达出来。高校辅导员的口头表达能力具体包括：观点鲜明，能做到是非清楚、褒贬明确；表达准确，能做到用词准确、语意明确；表述流畅，能做到吐字清楚、音量适中、声调抑扬顿挫；语言精练，能做到简洁、不啰唆；逻辑严密，能做到条理清楚、文理连贯、层次分明；风格得体，能在不同场合、面对不同对象选择不同的表达方式；形式生动，能恰当运用比喻、排比、对偶、反复、设问、引用等修辞手法。

2. 文字表达能力

文字表达能力是指高校辅导员运用文字表达思想情感的能力。文字表达能使思想感情的呈现条理化。高校辅导员要实现从事务型、经验型向专业化、职业化的转变，不仅要能撰写计划、总结、通知、报告、演讲稿等，还要能将工作实践中的经验、体会、感悟、思考等通过文字的形式完整准确地表达出来。此外，高校辅导员开展科学研究也需要具备较强的文字表达能力。高校辅导员的文字表达能力具体包括：能用简明扼要的文字将复杂理论阐发清楚；能用形象生动的文字将情感情愫完美呈现。

3. 动作表达能力

动作表达能力是指高校辅导员运用身体动作表达思想情感的能力。动作表达能使思想情感的呈现形象化。面对思想活跃、情感丰富、个性张扬的大学生，高校辅导员需要具备动作表达能力，能通过手势、眼神、表情等身体语言向大学生传递思想观念和工作意图。高校辅导员的动作表达能力具体包括：能恰当选用形象生动的身体动作表达思想情感，能灵活运用与具体场景相匹配的身体动作表达思想情感，能言行一致地运用外部身体动作表达内在思想情感。

4. 形象表达能力

形象表达能力是指高校辅导员塑造良好形象教育引导大学生的能力。形象表达能使思想感情的呈现更具感染力。"身教重于言教。"高校辅导员要成为大学生成长成才的人生导师，自身需要塑造良好形象，以坚定的理想信念、高尚的道德情操、渊博的理论知识、精湛的专业技能等感染学生，让学生在潜移默化的形象教育中接受思想理论教育和价值引导。高校辅导员应具备的形象表达能力具体表征为：衣着得体、言谈得当、举止大方、精神饱满。

(四) 沟通能力

沟通能力是指高校辅导员在大学生思想政治教育中与他人沟通思想、交流情感、互通信息的能力。沟通是高校辅导员的基本功。对话式沟通，能够促使高校辅导员与大学生或其他教育主体之间相互理解、信任、尊重和支持，进入共同的认知领域。高校辅导员的沟通能力主要包括：

1. 与其他教育主体沟通的能力

与其他教育主体沟通的能力是指高校辅导员与其他教育主体沟通思想、交流情感、互通信息的能力。大学生思想政治教育要在改进中加强，所有教育主体都要守好一段渠、种好责任田，同心同德、同向同行，形成协同效应。大学生思想政治教育工作队伍主体是学校党政干部和共青团干部，思想政治理论课和哲学社会科学课教师、辅导员和班主任。高校辅导员要做好大学生思想政治教育工作，既要按照学校党委部署有针对性地开展大学生思想政治教育，又要加强与共青团干部、思想政治理论课教师、哲学社会科学课教师和班主任的沟通，形成教育合力，构建综合教育格局。高校辅导员与其他教育主体沟通的方式主要有工作汇报、专题座谈、经验交流等。工作汇报是指高校辅导员向上级领导和职能部门汇报工作开展情况，以获得他们的指导和支持；专题座谈是指通过召开主题明确的座谈会，促进高校辅导员与其他教育主体的信息沟通，以形成教育合力，携手解决问题；经验交流是指高校辅导员与其他教育主体交流工作心得、体会、感受和思考，以深化对大学生思想政治教育的情感认同和规律把握。与其他教育主体沟通时，高校辅导员应做到虚怀若谷。因为高校辅导员与其他教育主体的目的都是促进大学生健康成长、全面发展。对工作中的不同意见和主张，高校辅导员应本着求同存异的态度虚心接受，不可独断专行、刚愎自用。

2. 与大学生沟通的能力

与大学生沟通的能力是指高校辅导员与大学生沟通思想、交流情感、互通信息的能力。思想政治工作从根本上说是做人的工作，必须围绕学生、关照学生、服务学生。高校辅导员要真正成为大学生的人生导师和知心朋友，需要在民主、平等、和谐的氛围中与大学生沟通，从而全面了解大学生的思想动态及发展期待。高校辅导员与大学生沟通的主要方式是谈话和倾听。

高校辅导员与大学生沟通时应做到真诚相待，让他们感受到关爱和温暖，他们才愿意将潜藏于内心深处的困惑倾诉出来。有针对性要求高校辅导员在面对不同的教育对象时应选择不同的沟通方式。高校辅导员的工作对象是个体差异性较大的大学生。高校辅导员在与他们沟通时，应针对他们的思想动态及发展期待有的放矢地进行。

二、专业能力

专业能力是指胜任某种职业必须具备的能力。角色的多重性、工作的多元性、职责的多样性决定了高校辅导员应具备多种多样的专业能力。

（一）教育引导能力

教育引导能力是指高校辅导员根据一定的社会思想政治道德要求和大学生的思想政治

道德现状，对大学生施加教育引导，促使大学生形成符合社会发展要求的思想政治品德的能力。高校辅导员的工作主要包括：教育引导、事务管理和发展指导。其中，教育引导是核心。高校辅导员只有聚焦理想信念、突出价值引领，才能完成立德树人的根本任务。高校辅导员应具备的教育引导能力主要包括：

1. 思想理论教育引导能力

思想理论教育是高校辅导员的首要工作职责。高校辅导员对大学生进行思想理论教育，关键是要用马克思列宁主义、毛泽东思想、邓小平理论、"三个代表"重要思想、科学发展观、习近平新时代中国特色社会主义思想武装大学生头脑，引导大学生认识和掌握人类社会的发展规律，提高大学生认识世界和改造世界的能力。为实现这一目的，高校辅导员应具备的思想理论教育引导能力具体如下：教育大学生树立辩证唯物主义和历史唯物主义观念，以及竞争、人才、信息、时效、创新等反映时代特征的思想观念；引导大学生坚持解放思想、实事求是、与时俱进；引导大学生形成开放性的思维方式；教育大学生养成实事求是、严于律己、艰苦奋斗、开拓进取的作风；准确把握大学生的思想行为特点和思想政治状况，有针对性地帮助他们解决好思想认识、价值取向方面的问题。

2. 理想信念教育引导能力

远大理想和崇高信念是大学生健康成长、全面发展的精神支柱和前进的动力。高校辅导员作为大学生的人生导师，要具备理想信念教育引导能力，为学生点亮理想的灯，激励他们树立崇高的理想信念，争做新时代的奋进者和开拓者。高校辅导员的理想信念教育引导能力具体包括：教育大学生充分认识到自身肩负着建设中国特色社会主义、实现中华民族伟大复兴的时代重任；引导大学生确立马克思主义科学信仰，争做坚定的青年马克思主义者；教育大学生正确认识人类社会发展规律，正确认识国家前途和民族命运，确立在中国共产党领导下走中国特色社会主义、实现中华民族伟大复兴的共同理想，在实现中国梦的生动实践中放飞青春梦想，在为人民利益的不懈奋斗中书写人生华章。

3. 道德规范教育引导能力

"国无德不兴，人无德不立。"良好的道德是一个人的立身之本。大学生正处于个体道德意识形成和发展的关键时期。近几年的大学生思想政治状况滚动调查显示，当代大学生提升道德素养的意识不断加强。但大学生中仍然存在道德困惑、道德滑坡甚至道德失范现象。这些问题在引发人们对高等教育反思的同时，也引起了社会对大学生道德教育的关注。加强大学生道德教育已成为必然趋势。高校辅导员担负着对大学生进行道德教育的职责，要能引导大学生踏踏实实修好品德，争做有大爱大德大情怀的时代新人。大学生道德教育的本质是道德规范养成教育。因此，高校辅导员在对大学生进行道德教育时，不仅要教育大学生认知道德规范，而且要引导大学生内化道德规范，将之外化于行为表现并在行为的多次反复中养成良好的道德行为习惯。高校辅导员的道德规范教育引导能力具体表现为：教育引导大学生内化道德规范，形成道德观念，践行道德要求，养成道德习惯。为此，高校辅导员要以社会主义核心价值观为引领，以为人民服务为核心，以集体主义为原则，以诚实守信为重点，对大学生进行社会公德、职业道德、家庭美德和个人品德教育，激励他们崇德向善。道德规范教育引导中，高校辅导员要紧密结合大学生的学习生活实际，引导他们积极投身崇德向善、见贤思齐的道德实践。例如，教育他们在学习研究中遵守学术道德规范、校园生活中遵守校规校纪、网络生活中遵守网络规范、公共生活中遵守社会公德、职业生活中遵守职业道德、家庭生活中遵守家庭美德等。

（二）发展指导能力

发展指导能力是指高校辅导员对大学生全面发展给予指导的能力。为大学生学业发展、心理健康发展、职业生涯发展等方面提供指导是高校辅导员的重要工作职责。这就需要高校辅导员具备发展指导能力，为大学生全面发展提供正确指导。高校辅导员的发展指导能力具体包括：

1. 学业指导能力

大学生应把学习作为首要任务，心无旁骛地求知问学，丰富学识。高校辅导员虽不直接向大学生传授专业理论知识，但肩负着指导大学生学业的重要职责。

第一，指导大学生树立正确的学习理念。高校辅导员作为大学生的学业指导者，首先要指导大学生树立正确的学习理念：①指导大学生树立自主学习理念。高校辅导员要指导大学生根据社会发展需要和专业要求，合理确定学习目标，自觉安排学习时间，主动学习相关知识。②指导大学生树立全面学习理念。高校辅导员要指导大学生既学习知识又掌握方法，既学习做事又学习做人，既向书本学又向实践学，既向教师学又向同辈学。③指导大学生树立创新学习理念。高校辅导员要鼓励大学生积极参与课外科技学术活动或专业课教师的科研项目，培养大学生的学术爱好、创新思维。④指导大学生树立终身学习理念。高校辅导员要指导大学生树立终身求知的理念，在大学阶段学好基础知识和专业知识，为将来的成长成才打好基础。

第二，指导大学生科学制定学习目标。学习目标能指明方向，增添动力，检验成效。高校辅导员作为大学生的学业指导者，要能分类指导不同学生科学制定学习目标：①指导大学生了解社会发展的客观要求。大学生要取得学业上的进步，成长为担当民族复兴大任的时代新人，必须了解社会发展的客观要求，并以此为据确定学习目标。②指导大学生掌握专业培养计划、专业发展前景，增强专业认同和学习热情。③指导大学生客观、全面、真实地分析"现在的我"的学习状况，包括知识储备、知识结构、学习能力、学习条件、学习环境等。④指导大学生根据社会发展的客观要求、专业培养任务和自身基本情况确立远大学习目标，并将远大学习目标多层次分解为具体学习目标，通过一个个具体学习目标的完成，一步步向远大学习目标迈进。

第三，指导大学生端正学习态度。学习态度是大学生对学习表现出来的心理倾向。高校辅导员要能及时发现并端正大学生的错误学习态度。高校辅导员指导大学生端正学习态度表现为：①指导大学生认识到学习型社会学习的重要性，以及学习与自身成长成才的关联性；②激发大学生的学习兴趣，引导他们对学习产生积极的情感体验，做到乐学爱学；③加强挫折教育，通过侧面了解、谈心谈话等方式帮助大学生分析学习中遇到的困难和挫折，鼓励他们勇敢面对、勇往直前；④引导大学生摒弃急功近利和"分数决定一切"的学习态度，注重综合素质的提升。高校辅导员在指导大学生端正学习态度时，要重点关注学困生，帮助他们正确认知学习，激发学习兴趣，掌握学习方法，尽快适应大学生活。

第四，学风建设。优良学风是一种无形的教育力量，有助于大学生习得知识、增长才干，培养社会责任感、创新精神和实践能力。高校辅导员要具备学风建设能力，为大学生营造一个浓厚的学习氛围，促使他们全身心投入学习。高校辅导员的学风建设能力表现为：①营造勤奋的学风。高校辅导员要指导大学生发奋努力、锲而不舍，努力成长为对国家有用的人才；②营造严谨的学风。高校辅导员要指导大学生养成认真负责、一丝不苟的品质，坚决抵制急功近利的浮躁之风和违反学术道德的不良之风；③营造求实的学风。高校辅导员要指导大学生求真务实、脚踏实地，不贪图虚名、弄虚作假；④营造创新的学风。高校辅导员要指导大学生进行创造性学习和探索，自觉培养创新意识、创新思维、创新能力和创新精神，努力成为研究型、创新型人才。

2. 心理健康发展指导能力

处于人生成长期的大学生因个体认知和经验阅历的局限，会面临环境适应、学习成才、择业交友、健康生活等方面的问题。部分大学生因缺乏心理调适能力和心理承受能力产生了严重的心理问题，有的甚至做出了极端行为。高校辅导员要具备心理健康发展指导能力，坚持育德与育心相结合，加强人文关怀和心理疏导，着力培养大学生理性平和、积极向上的心态。高校辅导员的心理健康发展指导能力主要包括：

第一，心理健康知识宣传能力。大学生心理健康发展的起点是对心理健康知识的正确认知。大学生只有掌握了心理健康知识，树立了心理健康意识，才能从根本上提升心理健康素质。高校辅导员要具备心理健康知识宣传能力，做好大学生心理健康知识的宣传普及工作，引导他们认识到心理健康对成长成才的重要性，增强对自我心理健康的关注，自觉树立心理健康意识。高校辅导员在宣传心理健康知识时可充分利用学校广播、校刊校报、橱窗、板报、图片展、心理电影、心理沙龙、心理讲座、网络等宣传媒介，多渠道、全方位、宽领域地开展心理健康知识宣传，切实帮助大学生掌握心理健康标准、心理活动特点及规律。

第二，心理辅导能力。高校辅导员与大学生接触最为频繁密切，容易得到他们的信任。因此，高校辅导员需要具备心理辅导能力，能通过团体辅导、个别辅导、书信咨询、电话咨询、网络咨询等形式解答学生心理上的疑惑，引导他们全面客观地认识自己、社会，以及自我与社会的关系，帮助他们克服焦虑、紧张、痛苦、悲观等不良情绪。高校辅导员可协助学校心理健康教育机构对大学生开展心理筛查，了解一般特点，熟悉常见问题。对一般的心理困惑，能通过倾听、共情等形式进行调试。对有心理障碍或心理疾病的学生，能初步识别、综合评估。对情况较为严重的学生，能依据学校心理咨询中心或精神卫生医院的相关要求和程序进行转介，并协助专业人士开展心理危机干预、预后和跟踪回访。

第三，心理健康教育活动组织能力。实践活动是最好的教育形式。健康优质的心理健康教育活动能够在轻松愉悦的氛围中培养学生的自我救助能力和朋辈互助能力。高校辅导员的心理健康教育活动组织能力具体表现为：①活动方案制订能力。高校辅导员要能根据大学生心理健康发展需求及心理健康实际状况，遵循一定的原则和程序，拟订出各种心理健康教育活动方案并从中优选出最佳方案。②活动方案实施能力。高校辅导员要能将心理健康教育活动方案付诸实践，对大学生实施教育引导，促使大学生在心理健康教育活动中发展进步。③活动方案评估能力。高校辅导员要能根据心理健康教育活动的目的，运用统计分析方法，对活动的过程及其实际效果进行评估。评估内容包括心理健康教育活动的目的是否实现、内容是否科学、方法是否恰当、效果是否显著等。

3. 职业规划与就业指导能力

就业是民生之本。大学生就业不仅关系到大学生的前途命运，关系到高等教育能否实现可持续发展，更关系到家庭的稳定和社会的和谐。高校辅导员要具备职业规划与就业指导能力，能切实为大学生提供高效优质的就业指导和信息服务。

第一，职业生涯规划指导能力。职业生涯规划是职业生活的起点。是否有一个全面系统的职业生涯规划，直接关涉大学生职业生活的成败。大学生应积极进行职业生涯规划，较早确立职业目标并为之奋斗。但是，大学生在职业生涯规划中容易出现以下问题：过高或过低地评估自己的职业能力；不能全面客观地分析社会对人才的需求；过多地关注职业是否满足自己的需要，忽略了自身具备的素质是否满足职业要求；职业准备较为被动；等等。高校辅导员作为大学生职业生涯的规划导师，要能为大学生提供科学的职业生涯规划意见，帮助大学生开展职业能力倾向测试并对结果进行分析、评估，使其全面掌握当前的就业形势和国家的就业政策，准确认识自身的性格特点和能力现状，在此基础上规划职业生涯，明确职业发展目标。

第二，就业课程教学能力。就业指导课是大学生的必修课。该课程能为大学生提供高效优质的就业指导和信息服务。高校辅导员作为大学生就业指导课的重要教育主体，需具备就业课程教学能力，能充分利用就业指导课，帮助大学生准确了解国家的就业政策和当前的就业形势，指导大学生开展职业倾向测试并对测试结果进行分析评估，对大学生开展职业理想、职业意识、职业道德、职业价值取向教育，引导大学生端正就业态度、掌握求职技巧。

第三，择业指导能力。择业是人生中的重要课题。可以说，职业的选择，就是人生发展道路的选择。如果一个人能够选择一份既与自己的兴趣、爱好、特长、能力相符，又满足社会发展需要的职业，他将获得强大的内生动力，从而在职业生涯中不断奋发向上。随着高校就业体制的改革，大学生择业观处于一个新旧交替时期。当前大学生在择业上存在着职业选择被动、期望值过高、过于看重个人兴趣和意愿、方向不明确等问题。帮助大学生摆脱错误的择业观，树立正确的择业观，是高校辅导员择业指导的重要内容。高校辅导员要具备择业指导能力，能从就业政策、就业形势、就业信息、求职技巧、职业倾向等方面为大学生择业提供个性化的咨询指导，帮助他们树立正确的择业观，引导他们到基层，到西部，到祖国最需要的地方去建功立业。

第四，创业指导能力。就业形势的严峻和就业压力的增大，使得部分大学生选择自主创业来实现就业。自主创业作为一种新兴择业方式，不仅能缓解当前大学生就业难的问题，还能促进社会的发展进步。大学生有着自主创业的优势，他们接受过系统的专业学习，视野开阔、思维敏锐、积极进取。但由于大学生社会阅历较浅、抗挫折能力较弱，在创业中遭遇困境时往往不知所措。针对这一现状，高校辅导员应具备创业指导能力，能为渴望创业的大学生提供创业指导，引导他们强化创业意识，掌握创业知识，锤炼创业能力，磨炼创业意志。

第二节 高校辅导员职业能力培养的特点

一、高校辅导员职业能力培养的类型

划分高校辅导员职业能力培养的类型，对于明确培养目的、掌握培养内容和方法，以及从事具体的培养活动等均有重要意义。

（一）按培养主体划分

按培养主体划分，可将高校辅导员职业能力培养分为国家培养、单位培养和自我培养。三者由于培养主体的不同，在高校辅导员职业能力培养中所处的地位和发挥的作用也不尽相同。

1. 国家培养

国家培养，是指国家通过制定完善政策、兴办教育文化事业等形式，造就能胜任大学生思想政治工作的专门人才。国家培养具有权威性强、规模大、门类齐全的优点，这是单位培养、自我培养无法比拟的。由于国家培养主要是政策性培养，本书仅从政策性培养的视角介绍国家培养的几种形式：

第一，制定高校辅导员职业能力培养政策。政策既能为高校辅导员职业能力培养提供宏观指导和行动指南，也能提供可靠依据和有力保障。国家应制定能造就大学生思想政治工作专门人才的政策，为加强高校辅导员职业能力培养提供指导和保障。第二，完善高校辅导员职业能力培养政策。政策具有变化性，随着社会的发展、时代的进步、需求的变化，政策将逐渐与实践不相适应。这就需要不断完善政策。尤其是在新时代，国际国内环境的深刻变化使大学生思想政治教育在面临有利条件的同时也面临严峻挑战。这就对高校辅导员职业能力提出了新的更高的要求。为造就能胜任新时代大学生思想政治工作的专门人才，应不断完善高校辅导员职业能力培养政策。第三，实施高校辅导员职业能力培养政策。政策只有付诸实践才能真正发挥作用。高校辅导员职业能力培养政策制定出来后，要用于指导地方和高校辅导员职业能力培养活动。自高校辅导员制度建立以来，国家高度重视高校辅导员队伍建设，不断制定并完善相关的政策。当前，问题的关键在于落实政策，切实将高校辅导员职业能力培养政策落到实处。

2. 单位培养

单位培养，是指社会组织通过各种方法和途径提升高校辅导员职业能力，造就能胜任大学生思想政治工作的"行家里手"。单位培养具有针对性强、形式多样的优点。单位培养主要有以下形式：第一，学校培养。学校是专门培养人才的机构，具有较强的目的性、计划性和组织性。这里的学校主要是指高等学校。高等学校是培养高层次人才的地方。高等学校对辅导员职业能力的培养有两种形式：一种是生成型培养，一种是充电型培养。生成型培养是对潜在的高校辅导员进行职业能力培养，为其将来从事大学生思想政治工作做好准备。目前，我国部分高校已开设高校辅导员专业，通过专业教育系统培养专门的高校辅导员。充电型培养是对在职高校辅导员进行职业能力培养，持续提升其专业素养和职业能力。第二，工作单位培养。这里的工作单位是指高校辅导员所在的学校。工作单位对高校辅导员职业能力培养的最大优势是现实针对性强，它能根据本单位大学生思想政治工作需要和高校辅导员职业能力现状，按照"缺什么补什么""需要什么补什么"的原则有针对性地提升高校辅导员的职业能力。第三，社会培训机构培养。随着现代社会对高技能人才的需求，以提升职业能力为主旨的社会培训机构不断涌现。社会培训机构拓展了学校培养的空间，是培养现代人才的大熔炉。可充分利用社会培训机构培训资源充足、师资庞大、形式多样、手段先进的优势，促进高校辅导员职业能力的提升。社会培训机构的形式较多，有地方教育主管部门主办的培训中心、行业协会，高校开设的培训学院，以及职教集团和国外培训机构等。

3. 自我培养

自我培养，是指高校辅导员根据大学生思想政治教育目标和任务，通过各种途径和形式主动提升职业能力。要从根本上提升高校辅导员职业能力，自我发展是关键。这是因为国家培养、单位培养只是高校辅导员职业能力培养的外部条件，自我培养才是内生动力。只有当高校辅导员具备自我发展意识，才会自觉接受外部培养。当然，强调自我培养的重要性，并不是要否认国家培养和单位培养的作用。自我培养和国家培养、单位培养之间是一种相辅相成的关系，它们既相互区别，又相互联系、相互促进。没有国家培养和单位培养，自我培养就没有正确导向。没有自我培养，国家培养和单位培养就难以真正实现。高校辅导员自我培养的形式较多，如理论学习、信息交流、社会实践和科学研究等。

（二）按培养客体划分

按培养客体划分，可将高校辅导员职业能力培养分为个体职业能力培养和群体职业能力培养。高校辅导员职业能力培养，既要着眼于提升高校辅导员个体的职业能力，也要着眼于提升高校辅导员队伍的职业能力。二者由于培养对象的不同，在培养内容、方式、途径等方面也不尽相同。

1. 个体职业能力培养

个体职业能力培养，是指对高校辅导员个体进行职业能力培养。只有当个体的职业能力提升后，才能从整体上提升高校辅导员队伍的职业能力。没有高校辅导员个体职业能力的提升，就不可能建成一支职业能力过硬的高校辅导员队伍。高校辅导员队伍中，每个个体的职业能力不尽相同。面对不同类型、不同层次的高校辅导员个体，职业能力培养的内容、方法和手段理应不同。例如，对初级辅导员，重点是提升对大学生思想政治工作的适应能力。对中级辅导员，重点是丰富职业能力要素和提升职业能力层次。对高级辅导员，重点是提升创新能力和科研能力。总的来说，个体职业能力培养的形式有理论学习、实践锻炼、信息交流和科学研究等。

2. 群体职业能力培养

群体职业能力培养，是指对高校辅导员队伍进行职业能力培养。大学生思想政治教育是一项系统工程，需要所有高校辅导员密切配合、通力合作。仅有高校辅导员个体职业能力的提升，没有高校辅导员个体之间职业能力的整合协调，整个高校辅导员队伍的职业能力水平就会被拉低。高校辅导员队伍职业能力培养的形式较多，如学位进修、在职培训、社会实践、出国研修等，都是行之有效的形式。

（三）按培养内容划分

按培养内容划分，可将高校辅导员职业能力培养分为通用职业能力培养和专业职业能力培养。二者由于培养内容的不同，对高校辅导员职业能力提升所起的作用也不尽相同。

1. 通用职业能力培养

通用职业能力是指适用于一般职业活动的能力。通用职业能力是专有职业能力形成的基础，直接决定着专有职业能力的形成和作用的发挥。高校辅导员通用职业能力培养就是对高校辅导员一般职业能力的培养。高校辅导员通用职业能力培养的内容包括：组织管理能力、语言和文字表达能力、教育引导能力和调查研究能力等。

2. 专业职业能力培养

专有职业能力是指从事特定职业活动应具备的特殊能力。专有职业能力具有较强的针对性，不同职业需要具备不同的专业职业能力。高校辅导员专业职业能力培养就是对高校辅导员特定职业能力的培养。大学生思想政治教育有其特点和规律，具有较强的专业性。高校辅导员须具备专业职业能力，才能卓有成效地开展大学生思想政治教育。因此，加强高校辅导员职业能力培养，还须加强专业职业能力培养。

（四）按培养形式划分

按培养形式划分，可将高校辅导员职业能力培养分为理论培养和实践培养。二者由于培养形式的不同，在高校辅导员职业能力培养中的作用也不尽相同。

1. 理论培养

理论培养，是指通过理论教育和理论学习提升高校辅导员职业能力。理论培养是提升高校辅导员职业能力的重要途径。高校辅导员要提升大学生思想政治教育能力，首先要丰富理论知识、完善理论体系，在将理论知识运用于大学生思想政治教育实践的过程中提升职业能力。通过理论培养提升高校辅导员职业能力的形式有理论教育和理论学习。理论教育是指向高校辅导员传授理论知识，引导他们将所学理论知识运用于大学生思想政治教育实践，以此提升职业能力。理论学习是指高校辅导员主动学习理论知识，将所学理论知识运用于大学生思想政治教育实践，以此提升职业能力。

2. 实践培养

实践培养，是指通过实践活动提升高校辅导员职业能力。实践是提升高校辅导员职业能力的根本途径。高校辅导员职业能力培养的缘起跟高校辅导员职业能力在大学生思想政治教育实践中的重要作用，以及社会现实中高校辅导员职业能力的不足等现状与现实密不可分；高校辅导员职业能力培养的目的在于全面提升高校辅导员实践能力；高校辅导员职业能力培养的效果必须回到实践中检验。因此，只有当高校辅导员积极投身实践，在实践中增长知识才干，才能全面提升职业能力。通过实践培养提升高校辅导员职业能力的具体形式有学习交流、参观访问、社会考察和挂职锻炼等。

二、高校辅导员职业能力培养的特点分析

高校辅导员职业能力培养作为一项特殊类型的社会实践活动，有其固有的矛盾。紧扣矛盾提炼其特点，有利于增强针对性和实效性。高校辅导员职业能力培养的基本矛盾是高校辅导员职业能力培养的要求与高校辅导员职业能力现状之间的矛盾。高校辅导员职业能力培养的任务就是要解决这一矛盾，促使高校辅导员职业能力向着期冀的方向发展。相对于其他实践活动，高校辅导员职业能力培养具有以下特点：

（一）鲜明的方向性

高校辅导员职业能力培养的方向性，是指高校辅导员职业能力培养要坚持正确的政治导向。在我国，高校辅导员在中国共产党领导下，着力培养担当民族复兴大任的时代新人。高校辅导员身份的阶级性决定了高校辅导员职业能力培养的方向性。高校辅导员职业能力培养的方向性主要体现在：第一，培养目标要符合社会进步和历史发展趋势。高校辅导员职业能力培养的方向性首先体现在培养目标上。高校辅导员职业能力培养的阶级性要求其培养目标要符合社会进步和历史发展的总趋势。第二，培养内容要积极向上。高校辅导员职业能力培养的目的是促进高校辅导员职业能力的全面提升，为加强和改进大学生思想政治教育提供主体支撑，其培养内容既要有利于促进高校辅导员职业能力的提升，推动高校辅导员队伍的专业化、职业化发展，又要有利于社会的发展进步。第三，培养方式要积极向上。高校辅导员职业能力培养的方向性还体现在采用积极向上的培养方式促进高校辅导员职业能力的提升。具体的培养方式有实践锻炼、正面引导、典型示范、榜样教育等。

（二）显著的实践性

高校辅导员职业能力培养的实践性，是指高校辅导员职业能力培养的现实性。实践是培养高校辅导员职业能力的根本途径。因为只有在实践中，才能发现不足，才能提升能力，才能发挥高校辅导员的作用，才能检验高校辅导员职业能力培养的效果。高校辅导员职业能力培养的实践性具体表现在：第一，实践是高校辅导员职业能力培养的原因。高校辅导员职业能力培养的原因较多，最主要的是高校辅导员职业能力在大学生思想政治教育实践中的重要作用，以及社会现实中高校辅导员职业能力的欠缺。第二，实践是高校辅导员职业能力培养发展的动力。高校辅导员职业能力培养是一个动态的发展过程，它应实践之需而产生，随实践发展而发展。只有不断根据实践新变化加强高校辅导员职业能力培养，持续提升高校辅导员职业能力，高校辅导员才能适应新时代大学生思想政治工作的新需要。第三，实践是高校辅导员职业能力培养的落脚点。高校辅导员职业能力培养的落脚点在于提升高校辅导员职业能力。提升高校辅导员职业能力归根到底是为了满足大学生思想政治教育实践发展的需要。第四，实践是检验高校辅导员职业能力培养效果的最佳标准。衡量高校辅导员职业能力培养效果，不能以主观认识为检验标准，而应回到大学生思想政治教育实践层面，以大学生思想政治教育的实际效果为依据。

（三）突出的发展性

高校辅导员职业能力培养的发展性，是指高校辅导员职业能力培养运动、变化的整体趋势。事物总会与不断更替的时空俱进，与发展中的时代俱进。时代的新变化、社会的新发展、改革开放和社会主义现代化建设的新实践，使大学生的成长成才面临许多新课题，因而迫切需要与时俱进地发展高校辅导员职业能力。高校辅导员职业能力培养只有保持与时俱进的发展态势，因事而化、因时而进、因势而新，才能不断增强时代感和实效性。高校辅导员职业能力培养的发展性主要体现在如下几方面：第一，培养理念的发展性。高校辅导员职业能力培养理念的发展性表现为：树立开放理念，观照时代特征、社会现实、大学生思想现状和发展期待、高校辅导员职业能力现状，打破传统高校辅导员职业能力培养囿于课堂、书本、学校的局限；树立发展理念，促使高校辅导员职业能力培养横向拓展和纵深发展，打破传统高校辅导员职业能力培养被动适应甚至滞后于现实的发展模式；树立多样化理念，促使高校辅导员职业能力培养内容、方法、途径多样化，打破传统高校辅导员职业能力培养的单一化。第二，培养方式的发展性。高校辅导员职业能力培养方式的发展性体现在两个维度：一是在充分利用传统培养方式的基础上，赋予传统培养方式新的时代意蕴；二是根据时代发展和社会进步，不断创新培养方式。第三，培养手段的发展性。高校辅导员职业能力培养手段的发展性表现在改变不合时宜的培养手段，充分运用现代化、信息化的培养手段等。

（四）较强的综合性

高校辅导员职业能力培养的综合性，是指高校辅导员职业能力培养是多种要素综合作用的实践活动。高校辅导员职业能力培养作为多种要素综合作用的实践活动，必须具备整体思维，综合运用人力、物力、财力。高校辅导员职业能力培养的综合性具体表现为：第一，综合借鉴多种学科知识。现代社会，研究领域出现了综合化发展之势。高校辅导员职业能力培养要适应学科的综合化发展趋势。高校辅导员职业能力培养必须坚持以马克思列宁主义为指导，但并不意味着它不需要借鉴其他学科理论知识。高校辅导员作为高校教师队伍和管理队伍的重要组成部分，决定了高校辅导员职业能力培养要综合借鉴教育学、管理学、人才学等学科的相关理论与方法，提炼高校辅导员职业能力培养特有的方针和原则、内容和方法，揭示高校辅导员职业能力培养独有的特点和规律。第二，综合采用多种培养内容。高校辅导员作为大学生思想政治教育与管理工作的承担者、组织者和实施者，是大学生成长成才的人生导师和健康生活的知心朋友。基于角色定位，高校辅导员应履行教育引导、事务管理、发展指导等职责。教育引导主要是对大学生政治方向和价值取向的引领，它是高校辅导员的核心职责。事务管理主要是对大学生日常事务的管理，它是高校辅导员的基本职责。发展指导主要是对大学生成长成才、生活发展的指导，它是高校辅导员的重要职责。高校辅导员要履行好上述工作职责，须综合具备多种职业能力。因此，加强高校辅导员职业能力培养，要基于高校辅导员的多种工作职责，综合采用多种培养内容。第三，综合运用多种培养方法。高校辅导员职业能力培养要取得实效，不能仅靠单一方法，而要综合运用多种培养方法。这就需要综合分析不同的培养方法，在把握各自特点和共同趋向的基础之上，实现整体融合。第四，综合社会各方面力量。加强高校辅导员职业能力培养是一项系统工程。要完成这项系统工程，须综合社会各方面力量，各司其职、和衷共济，形成综合培养格局。

第三节　高校辅导员职业能力培养的内容与途径

一、高校辅导员职业能力培养的内容

（一）坚持高校辅导员职业能力培养的专业化、职业化导向

导向即引导的方向，它能引领事物向着某个方向或某个方面发展。加强高校辅导员职业能力培养，首先要明确导向，知道何去何从。从培养高素质专业化创新型教师的战略高度来看，专业化、职业化是高校辅导员职业能力培养的导向，也是其走上内涵式发展的必由之路。

1. 坚持培养的专业化导向

专业化是高校辅导员职业能力培养的导向。没有专业化培养做基础，高校辅导员职业能力培养将长期处于低水平重复状态。

（1）加强高校辅导员职业能力培养的学科建设

把高校辅导员职业能力培养纳入学科建设领域，是培养专业化发展的必由之路。加强高校辅导员职业能力培养的学科建设，首先要明确学科定位，避免出现学科定位偏移、边界模糊等问题。高校辅导员职业能力培养的学科定位取决于高校辅导员的职业定位。角色定位、工作定位和工作职责决定了思想政治教育是高校辅导员的核心职能，也决定了高校辅导员职业能力培养的学科定位应为马克思主义理论一级学科下的二级学科——思想政治

教育。该学科定位只能加强，不能削弱。同教育学科发展相伴相随、相向而行。思想政治教育学科逐渐建立起本科、硕士到博士的人才培养体系，展现了强劲的发展态势，为高校辅导员职业能力培养提供了坚强的学科支撑。未来，高校辅导员职业能力培养应在思想政治教育学科域界内，加强包括基础理论和应用理论在内的学科理论体系建设，加强包括大学生思想政治教育、大学生发展指导、大学生事务管理等专业研究方向在内的学科专业体系建设，在融合学科理论体系建设和学科专业体系建设的基础之上，切实推进高校辅导员职业能力培养的专业化发展。

加强高校辅导员职业能力培养的学科建设不仅要明确学科定位，还应具备跨学科视野，博采众长。应在坚持思想政治教育学科定位的基础之上，挖掘并整合相关学科资源，在吸收、消化、融合的基础之上形成完整的、开放的学科体系。培养既具备大学生思想政治教育基本理论与方法，又能有效开展思想理论教育和价值引领、党团和班级建设、学风建设、日常事务管理、心理健康教育与咨询、网络思想政治教育、职业规划与就业创业指导等的复合型人才。采用跨学科视野加强高校辅导员职业能力培养的学科建设，重在借鉴多学科的理论与方法，提炼特点、揭示规律、精选内容、改进方法、拓展途径、完善机制、优化环境等。当然，采用跨学科视野加强高校辅导员职业能力培养的学科建设，并不是说要把自己变成大杂烩、大拼盘，而是要把握好跨学科的"度"。

（2）建立高校辅导员职业能力培养的专业组织

建立高校辅导员职业能力培养的专业组织有利于营造浓厚的专业氛围。随着高校辅导员队伍的壮大和高校辅导员职业能力培养专业化要求的提高，建立专业组织已然成为加强高校辅导员职业能力培养的重要举措。目前，我国虽建立了一些专业协会，但这些专业协会在高校辅导员职业能力培养中发挥的作用还不够充分。针对当前专业组织建设存在的问题和未来工作的需要，应分层次、多类型地建立一批独立性强、覆盖面广、影响力大的专业组织。第一，建立多层次的专业组织。既要建立全国性的专业组织，也要建立地方专业组织和高校内的专业组织。全国性的专业组织可在全国范围内开展示范培训、职业能力资格认证等。地方教育主管部门建立的专业组织既可承担本地区高校辅导员的岗前培训、日常培训和骨干培训，也可组织优秀辅导员进行学习交流、研修深造、挂职锻炼、科学研究。高校内部的专业组织可为本校辅导员提供互通信息、交流经验的平台。第二，创立多种类型的专业组织。按性质划分，既有由高校辅导员根据自己的兴趣、爱好、特长建立的非正式专业组织，又有由地方教育主管部门、高校基于辅导员的工作职责、工作实务建立的正式专业组织；按工作内容划分，既有为高校辅导员职业能力培养提供系统服务的专业组织，又有针对具体培养内容的专业组织，如以学生学习与发展指导为主要研究内容的专业组织、以学生党团和班级建设为主要研究内容的专业组织、以学生心理健康教育与咨询为主要研究内容的专业组织、以学生职业规划与就业创业指导为主要研究内容的专业组织等；从工作方式来说，既可组建科研团队，提升高校辅导员队伍的科研能力；也可举办学术会议、出版专业刊物，促进高校辅导员之间的学术交流。一言以蔽之，建立多层次、多类型的专业组织，形成一个专业组织网络体系，将有利于高校辅导员职业能力培养的专业化发展。

（3）完善高校辅导员职业能力培养的课程体系

完善课程体系是促进高校辅导员职业能力培养专业化发展的基础环节。目前，高校辅导员职业能力培养还没有建立起系统、规范的课程体系。要加强理论探究和实践探索，逐步建立起层次分明、结构合理、功能互补的高校辅导员职业能力培养课程体系。完善高校辅导员职业能力培养课程体系应把握好以下原则：适时性原则，即课程设置要适应时代需要，不仅能及时解答高校辅导员职业能力培养中的重大理论命题和现实课题，还能前瞻性展望前沿问题；兼容并包原则，即课程设置要吸收借鉴国内高校辅导员职业能力培养和国外高校学生事务管理者职业能力培养的优秀成果，具备历史视野和国际视野；针对性原则，即课程设置要立足高校辅导员职业能力现状，满足高校辅导员职业能力发展期待；实用性原则，即课程设置要能培养大学生思想政治工作急需和高校辅导员紧缺的职业能力；系统性原则，即课程设置要以技能训练为重点，科学合理、整体协调、层次分明。

（4）完善高校辅导员职业能力培养的教材体系

完善教材体系是促进高校辅导员职业能力培养专业化发展的重要前提。要有计划、有组织地编写一批基础课程教材和主干课程教材，形成以重点教材为核心，辅助教材为支撑，门类齐全、形式多样、各具特色的高校辅导员职业能力培养教材体系。具体做法为：组建教材编写队伍。组建一支由学术带头人、理论研究者和实践工作者组成的教材编写队伍，承担高校辅导员职业能力培养的教材编写工作。立足现实。高校辅导员职业能力培养教材编写要立足大学生思想政治教育实践和高校辅导员职业能力实际；以学科建设为依托。编写高校辅导员职业能力培养教材要以大学生思想政治教育学科建设为依托，充分展示学科建设的最新理论成果；研制和开发多媒体教材。要充分利用现代信息技术，研制和开发多媒体教材，以此增强高校辅导员职业能力培养的生动性和趣味性；完善领导和管理机制。高校辅导员职业能力培养教材编写是一项政治性很强的工作，须加强领导和管理。应成立教材编审委员会，严格教材审批制度，防止教材编写中出现"多、滥、质量不高"等问题。高校辅导员职业能力培养教材的编写应实行国家和地方两级管理。国家有关部门统筹规划、统一管理全国教材的编写工作，负责编写教学大纲、教学要求和全国通用教材。地方教育主管部门可按照国家统一颁布的教学大纲和教学要求，编写适应本地区实际的地方教材。高校可根据本校实际编写供本校使用的校本教材，但要报当地教育主管部门批准，并在批准范围内使用。此外，有关部门还要为高校辅导员职业能力培养教材的编写提供保障，在政策、资金、人员等方面提供便利。

（5）组建高校辅导员职业能力培养的专业师资队伍

组建一支坚持党的领导，具备马克思主义理论修养、扎实的思想政治教育及相关学科理论功底、丰富培养经验的师资队伍，不仅能为高校辅导员职业能力培养提供保障，还能为后续发展提供有力的人才支撑。当前，高校辅导员职业能力培养在师资队伍上存在数量不足、水平不高、年龄老化的问题。针对当前存在的问题和未来工作的需要，可从以下方面着手：第一，优选师资队伍。高校辅导员职业能力培养师资队伍的选拔要坚持"择优"原则，优选人才，既将政治立场坚定、勇于开拓创新，具有丰富大学生思想政治教育理论知识和相关学科知识的专家、学者吸收进来，又从学校党政领导、相关职能部门负责教师、离退休教授中选拔具有丰富大学生思想政治教育实践经验的人加入，还要选拔工作在大学生思想政治教育第一线的优秀辅导员加入。同时，还要实现不同省市、高校培养师资的资源共享，促进优秀师资的跨省、校际流动，努力打造一个立体、全方位、开放的师资培养库。第二，精育师资队伍。要高度重视师资队伍的培育，在政策上给予优先保证，在经费上给予大力支持，着力打造一批理论功底扎实、实践经验丰富的理论大家、学术带头人、教学名师和后备人才。

（6）组织高校辅导员参加专业实践

专业实践是提升高校辅导员职业能力提升专业化水平的重要途径。组织高校辅导员参加专业实践可从以下方面入手：第一，在专业教学中设置实践环节。高校辅导员要提升职业能力，首先需要丰富知识储备、完善知识结构。专业教学是提升高校辅导员职业能力的重要途径，但专业教学不是单纯的理论灌输，而是将理论与实践结合起来，学以致用、学而能用的过程。要想充分发挥专业教学在高校辅导员职业能力培养中的作用，需要在专业教学中设置实践环节，鼓励和组织高校辅导员积极参加专业实践，在专业实践中提升职业能力。具体应做好以下工作：明确目标、合理规定课时、丰富内容、拓展途径、完善考评机制。第二，组织专业特色鲜明的社会实践。专业特色鲜明的社会实践有利于高校辅导员开阔视野、拓展思维，提升解决实际问题的能力。应积极组织高校辅导员参加专业特色鲜明的社会实践，如组织社会调查，提升高校辅导员解决社会现实问题的能力；组织参观访问，引导高校辅导员学习典型的成功经验；组织挂职锻炼，提升高校辅导员的基层服务意识和能力。

2. 坚持培养的职业化导向

职业化是高校辅导员职业能力培养的导向。没有职业化培养做保障，高校辅导员职业能力培养难以可持续发展。

（1）依据高校辅导员的职业定位开展职业能力培养

辅导员作为高校教书育人的重要力量，有明确的职业定位。坚持高校辅导员职业能力培养的职业化导向，首先要依据高校辅导员的职业定位开展培养。

①依据高校辅导员的角色定位开展职业能力培养。

依据高校辅导员的角色定位开展职业能力培养，不仅能增强高校辅导员的自我角色认同，自觉将高校辅导员职业当作一生的事业来追求，而且能改变外界对高校辅导员的错误认知，提升高校辅导员的社会地位和学术地位。高校辅导员是大学生日常思想政治教育和管理工作的组织者、实施者、指导者，大学生成长成才的人生导师和健康生活的知心朋友。高校辅导员职业能力培养要依据高校辅导员的角色定位来进行，使其既能有效组织各种教育力量、教育资源开展大学生日常思想政治教育和管理工作，又能具体实施大学生日常思想政治教育和管理工作，还能正确指导大学生党团和班级建设、学风建设、心理健康教育与咨询、职业规划与就业创业、校园文化建设；既能扮演好"学问之师"的角色，还能担负起"品行之师"的职责，引导大学生在"为学"的同时更好地"为人""为事"；既能与大学生倾心相交，共同分享成功与喜悦，又能与大学生并肩作战，共同面对困难与挫折。

②依据高校辅导员的工作定位开展职业能力培养。

依据高校辅导员的工作定位开展职业能力培养，能针对性地提升高校辅导员的职业能力。根据教育部规定，高校辅导员的工作定位是：按照学校党委的部署开展大学生思想政治教育活动，重点对学生开展思想政治教育、日常事务管理和服务工作；在大学生思想政治教育活动中，既要协调与其他教育者的关系，形成教育合力，又要发挥大学生在思想政治教育中的主导作用。高校辅导员职业能力培养要依据高校辅导员的工作定位，提升高校辅导员的思想政治教育能力、日常事务管理能力和服务育人能力，充分发挥其在大学生思想政治教育中的基层骨干作用；提升高校辅导员的协调能力，使其能全面协调与其他教育主体的关系；提升高校辅导员的组织能力，充分发挥大学生在学校教育和自我教育中的主体性地位。

（2）加强高校辅导员职业能力规划

职业能力规划有助于高校辅导员职业能力的可持续发展。辅导员专业化成长不仅是辅导员自身发展的问题，亦是组织可持续发展的问题。因此，加强高校辅导员职业能力规划包括组织和个人两个层面。

①高校应加强对辅导员职业能力规划的指导

高校应着眼于辅导员职业能力的可持续发展，加强对辅导员职业能力规划的宏观指导。第一，宣传引导。高校要大力宣传学校发展目标、发展任务和人才培养计划，引导辅导员从宏观角度认识自身工作的意义和价值，将自我发展目标与学校发展目标相整合，制定既能促进学校整体发展，又能实现自我全面发展的职业能力目标。第二，分类指导。处于不同职业发展阶段的高校辅导员，他们的职业能力发展目标是不同的，高校给予他们的职业能力规划指导也不尽相同。对于初级辅导员，高校应指导他们制订能尽快适应大学生思想政治工作的规划。对于中级辅导员，高校应指导他们制订能提升职业能力水平、完善职业能力结构的规划。对于高级辅导员，高校应指导他们制订能探究大学生思想政治教育规律，创造性开展大学生思想政治工作的规划。第三，创造条件。高校辅导员职业能力规划的实现需要一定条件。高校应在政策、资金、技术、时间等方面创造有利条件，帮助辅导员实现职业能力规划。第四，与时俱进。高校要善于根据形势发展和环境变化，指导辅导员与时俱进地调整职业能力规划，循序渐进地实现职业能力目标。

②高校辅导员应积极开展职业能力规划

从根本上讲，职业化发展是高校辅导员内在发展需求的外显。高校辅导员作为自身职业能力规划的主体，须具备自觉意识，能根据自身职业能力现状和外部环境，结合大学生思想政治教育要求和个人发展需求，积极开展职业能力规划。第一，自我分析。自我分析是高校辅导员开展职业能力规划的前提和依据。高校辅导员要对自己的爱好特长、性格特征、专业背景、工作意愿、职业能力现状等进行全面客观的分析，准确定位职业能力发展目标。第二，衡量匹配程度。高校辅导员要将自身职业能力与岗位要求相对比，衡量二者的匹配程度，了解自身职业能力发展的优势和劣势。第三，了解职业环境。职业环境是职业活动的外部影响因素之一。高校辅导员只有明晰职业环境，才能扬长避短、趋利避害，有针对性地开展职业能力规划。第四，系统规划。系统规划有利于增强实效性。高校辅导员要根据学校发展目标、自身职业能力现状及发展需求、职业环境等，明确职业能力发展目标、制定职业能力提升计划及策略等。第五，践行职业能力目标。职业能力发展目标确定后，高校辅导员应努力通过实践将目标变为现实。

（二）增强高校辅导员职业能力培养内容的针对性

培养内容是培养目的和任务的具体化。全面把握培养内容，并根据不同培养对象的实际情况加以灵活运用，有利于增强培养的实效性。基于高校辅导员职业能力培养内容针对性不强的问题，可从以下方面着手：

1. 彰显时代特征

当今时代的特征可概括为经济全球化、政治多极化、文化多元化和社会信息化。高校辅导员职业能力培养内容要充分彰显这些时代特征。

（1）观照经济全球化

经济全球化是一把"双刃剑"，既给我国经济社会发展带来了机遇，也对我国的经济、政治、文化提出了挑战。身处经济全球化时代的大学生思想活跃、视野开阔，但由于社会阅历的欠缺、知识水平的限制，他们对经济全球化缺乏全面客观的认知和了解，部分大学生以经济、科技作为价值判断的唯一标准。引导大学生正确认识和积极参与经济全球化是高校辅导员的工作职责。高校辅导员职业能力培养要结合经济全球化提升高校辅导员的职业能力，使其既能引导大学生适应经济全球化发展趋势，以宽广的视野看待经济全球化，以积极的态度参与经济全球化；又能教育大学生理性认识经济全球化，学会在经济全球化中维护国家主权和民族尊严。

（2）审视政治多极化

世界政治格局的多极化发展，有利于彰显和实现各国人民的共同意愿和利益，推动国际政治新秩序的形成。但政治多极化也存在一些矛盾和斗争等不确定因素。当前，政治多极化对大学生的思想观点、价值观念、思维方式等产生了复杂而多变的影响，大学生思想政治教育遇到了前所未有的挑战。引导大学生正确认识政治多极化是高校辅导员的工作职责。高校辅导员职业能力培养要结合政治多极化提升高校辅导员职业能力，使其增强政治敏锐性和政治鉴别力，能正确区分政治问题和学术问题、思想意识问题和思想认识问题，还能教育大学生在政治多极化中明确政治方向、坚定政治立场、端正政治态度，有效防范和抵制西方敌对势力"西化"和"分化"的阴谋。政治多极化的时代境遇中，尤其要重视对高校辅导员社会思潮引领能力的培养。当今时代，多元化社会思潮对大学生的思想和行为产生着不同程度的影响，是大学生价值观嬗变的主要影响因子。加强高校辅导员职业能力培养，要提升高校辅导员引领社会思潮的能力，充分发挥他们在筑牢意识工作前沿阵地中的基层骨干作用。

（3）回应文化多元化

文化多元化时代，不同国家和民族间的文化交流交融，促进了人类文化的繁荣与发展，但多元文化在交流交融的过程中也带来了民族文化与异质文化的交锋。引导大学生正确认识和积极应对文化多元化是高校辅导员的工作职责。高校辅导员职业能力培养要结合文化多元化提升高校辅导员的文化建设能力和文化育人能力，使其能继承和发扬中华优秀传统文化，促进社会主义先进文化建设；能推动中国特色社会主义文化融入人类文化发展长河，在与不同文化交流交融交锋的过程中，彰显中国特色社会主义文化先进性，增强中国特色社会主义文化感召力；能繁荣具有中国特色、体现时代要求的校园文化，培育滋养心灵、涵育品行、引领风尚的大学精神，把大学建设成为精神文明建设示范区和辐射源；能引导大学生正确对待不同文化的交流交融交锋，既不"盲目排外"，也不"盲目追崇"，而是在传承和弘扬中华优秀传统文化的基础之上，学习借鉴其他国家或民族的优秀文化。

（4）应对社会信息化

社会信息化时代，各种信息资源能最大限度地得到开发和利用。信息化对大学生的影响最为广泛、深刻。它不仅给大学生的学习、工作和生活带来了便利，也对大学生的素质和能力提出了新的更高的要求。引导大学生应对社会信息化是高校辅导员的工作职责。高校辅导员职业能力培养要结合社会信息化，培养高校辅导员的信息意识和信息处理能力，使其能通过社会调查、观察体验、思想预测等方法获取大学生思想政治教育信息，能通过矛盾分析、系统分析、因果分析、比较分析、定性定量分析等方法分析大学生思想政治教育信息，能运用去粗取精、去伪存真、由此及彼、由表及里等方法处理大学生思想政治教育信息。

2. 观照思想政治教育对象

大学生的思想现状和发展期待是高校辅导员职业能力培养的现实基点。加强高校辅导员职业能力培养要立足于大学生思想现状、着眼于大学生的发展期待。

（1）立足于大学生的思想现状

大学生思想现状是加强高校辅导员职业能力培养的现实依据。最近几年的大学生思想政治状况滚动调查显示，当前大学生思想主流继续保持积极健康、向上向好的良好态势，他们高度认同党中央的治国理政新理念新思想新战略，坚定"四个自信"，对党和国家未来充满信心，积极培育和践行社会主义核心价值观，立志成长成才，投身社会实践。可以说，当代大学生思想政治道德素质的主流是好的，但仍有部分大学生在理想信念、价值取向、诚信意识、心理素质等方面存在不同程度的问题，迫切需要高校辅导员给予教育引导。高校辅导员职业能力培养要立足大学生思想行为特点及思想政治状况，有针对性地帮助大学生处理好思想认识、价值取向、学习生活、择业交友等方面的具体问题。

（2）着眼于大学生的发展期待

高等教育从精英教育迈向大众教育后，学业竞争和就业竞争日益加剧，大学生在学习、生活、发展等方面的期待发生了新变化。这不仅要求高校辅导员的工作职能要随之拓展，也要求其职业能力要随之提升。例如，随着大学生学业压力的增加，高校辅导员要能培养学生学习的兴趣，指导学生养成良好的学习习惯，规范学生的学习行为。在就业压力面前，高校辅导员要能为大学生提供高效优质的就业指导和信息服务。又如，大学生群体心理问题日益凸显，这就要求高校辅导员要能对其开展心理健康教育与咨询。再如学分制的实行、后勤服务社会化使得原有的学生管理模式难以满足学生个性化的发展期待。这就要求高校辅导员能打破传统的教育管理模式，探索新的教育管理模式。高校辅导员职业能力培养要着眼于大学生的发展期待，着力培养高校辅导员的学业指导能力、职业规划与就业创业指导能力、心理健康教育与咨询能力、学生事务管理能力和服务育人能力等。

二、高校辅导员职业能力培养的途径

（一）充分发挥社会培养途径的作用

高校辅导员职业能力的社会培养，是指国家或社会组织对高校辅导员职业能力的培养。社会培养的优点是规模大、覆盖面广、门类齐全。

1. 充分发挥学位进修的应有作用

学位进修是系统提升高校辅导员职业能力的重要途径。思想政治教育专业设立的30多年里，部分高校辅导员以国家政策为依托在职攻读思想政治教育专业相关学位。学成后，职业能力显著提升，成为大学生思想政治教育的主力军。新时期，要继续鼓励和支持高校辅导员在做好大学生思想政治工作的同时攻读相关学位。第一，要高度重视。领导重视程度不够是学位进修的作用发挥不充分的重要原因。高校应鼓励和支持辅导员攻读学位，促使他们在学位进修中全面提升职业能力，努力成为大学生思想政治工作的专家、学者。高校在鼓励和支持辅导员攻读学位时，首先要积极推荐符合条件的辅导员在职攻读学位。攻读学位期间，领导要关心他们的学习、生活。对于获得学位重返工作岗位的辅导员，学校要合理安排使用，切实做到人尽其才。第二，要整体推进教学改革。学位进修教学过程中存在的问题制约着其应有作用的发挥。为此，要整体推进教学改革，不断提高教学质量，建立健全适应大学生思想政治教育实践和高校辅导员职业能力现状的教学体系。第三，要加强师资队伍建设。师资队伍不足、后继乏人是妨碍学位进修顺利进行的重要因素。充分发挥学位进修在高校辅导员职业能力培养中的作用，需要打造一支政治素质过硬、业务能力强、育人水平高超的师资队伍。为此，要积极采取措施，在政策和资金上给予优先保证，以培养学术带头人和中青年骨干教师为重点，着力打造一支理论功底扎实、实践经验丰富的师资队伍。

2. 充分发挥社会实践的关键作用

社会实践是高校辅导员职业能力发展的土壤、职业能力展现的舞台，是提升高校辅导员职业能力的关键。高校辅导员职业能力培养要坚持理论教育与实践养成相统一的原则，促使高校辅导员在实践中增长才干。为此，各地各高校要制订计划，分期、分批组织高校辅导员参加社会实践，鼓励和引导他们在社会实践中锤炼作风、砥砺品质、增长才干。高校辅导员参加社会实践的形式多种多样，如社会调查能帮助高校辅导员了解国情、民情，增强理论说服力；参观访问能帮助高校辅导员学习借鉴其他高校辅导员的先进做法；基层挂职锻炼不仅能培养高校辅导员的基层服务意识和能力，还能以实际行动引领大学生到祖国最需要的地方建功立业。充分发挥社会实践在高校辅导员职业能力培养中的关键作用，应做好以下几点：第一，各地各高校应结合工作需要和现有条件，鼓励和引导辅导员参加社会实践，竭力为辅导员参加社会实践提供机会、搭建平台。第二，要结合高校辅导员肩负的时代重任和特有的职业身份合理安排社会实践岗位，引导高校辅导员在社会实践中培育"想干事"的意识和"能干事"的本领。第三，要健全保障机制，在制定倾斜政策的同时保证经费投入；要健全监督机制，开展全面考核和客观评价；要健全激励机制，利用报刊、广播、电视、网络等传媒手段宣传高校辅导员参加社会实践的典型经验和先进事迹，辐射带动更多的高校辅导员积极投身社会实践。

3. 充分发挥出国研修的辅助作用

出国研修是高校辅导员职业能力培养途径的拓展。选送优秀辅导员出国研修，有利于他们开阔视野、增长见识，提升应对国际挑战、解决实际问题的能力。地方和高校应分期、分批选送优秀辅导员到国外大学和研究机构进行研修，帮助他们获取前沿知识、掌握先进工作方法，提升学生事务管理能力。充分发挥出国研修在高校辅导员职业能力培养中的作用可从以下方面入手：第一，充分利用各种出国研修项目。高校辅导员可参加的出国研修项目有国家留学基金委员会资助的国家公派项目、地方政府部门资助的单位公派项目、国外大学或科研机构资助的项目、学校公派项目、企业或基金会资助的项目等。第二，丰富出国研修方式。高校辅导员参加出国研修的方式有攻读学位、博士后研究、课题研究、短期访问、课程学习等。第三，统筹规划出国研修。将高校辅导员出国研修纳入师资队伍建设整体规划，学校统筹安排，人事处组织落实，国际交流与合作处派出，院系配合。

(二) 充分发挥自我培养途径的作用

高校辅导员职业能力的自我培养，是指高校辅导员主动提升职业能力。要促使高校辅导员职业能力培养从外生型向内生型转变，高校辅导员自身须树立自觉成长意识，紧随时代步伐、立足现实需要，主动提升职业能力。

1. 充分发挥理论学习的基础性作用

高校辅导员理论学习的内容包括：马克思主义理论、哲学、政治学、伦理学、教育学、心理学、社会学、管理学等学科的基本原理和基础知识；思想政治教育学原理、思想政治教育史、思想政治教育方法论、思想政治教育心理学、比较思想政治教育等思想政治教育专业基本理论、知识和方法；学业指导、党团建设、贫困生资助、学生奖惩评估、心理健康教育与咨询、职业规划与就业指导、社会实践、校园文化建设、网络思想政治教育、危机事件处理等大学生思想政治教育工作实务相关知识。此外，高校辅导员还要学习现代科学技术知识和相关法律法规。高校辅导员强化理论学习，应树立终身学习理念，具备终身求知的意识、能力和习惯；改革学习方式，组建学习型团队；拓展学习途径，向书本学、向实践学、向大学生学。

2. 充分发挥信息交流的合力作用

信息时代，高校辅导员要卓有成效地开展大学生思想政治教育，需要具备信息意识，善于进行信息交流。充分发挥信息交流在高校辅导员职业能力培养中的合力作用可从以下方面入手：第一，加强与大学生之间的信息交流。大学生思想政治教育是教学相长的过程。高校辅导员的施教建立在对大学生全面、客观的了解之上。高校辅导员应加强与大学生的信息交流，准确掌握他们的思想动态及发展期待。在与大学生交流信息的过程中，高校辅导员还可以从大学生那里获取有益信息，促进自身的发展进步。第二，加强高校辅导员之间的信息交流。大学生思想政治教育是一项系统工程，要形成教育的协同效应，需要所有高校辅导员同向同行，通力合作。高校辅导员要加强彼此之间的信息交流，在交流学习心得、工作经验中提升职业能力。高校辅导员可通过高校辅导员工作研究会、高校辅导员职业技能大赛、高校辅导员工作沙龙、高校辅导员工作论坛等加强相互之间的信息交流，不断提升队伍的整体工作水平。第三，及时关注社会动态，掌握最新社会信息。在信息时代，高校辅导员工作要取得实效，应及时关注社会动态，掌握最新的信息，通过各种渠道了解影响大学生思想政治教育的外部环境因素。

3. 充分发挥科学研究的支撑作用

开展科学研究有利于把握事物发展的客观规律。高校辅导员要积极开展科学研究，为职业能力的提升提供学理支撑。充分发挥科学研究在高校辅导员职业能力培养中的支撑作用可从以下方面入手：首先，丰富研究内容。高校辅导员研究的内容包括基础理论研究和应用理论研究两个部分。就基础理论研究而言，高校辅导员既要从总体上加强对大学生思想政治教育学科理论体系和学科专业体系的研究，还要加强对大学生思想政治教育主干学科和分支学科的研究。此外，高校辅导员还要适应大学生思想政治教育的新变化，对大学生思想政治教育实践迅速发展而基础理论研究滞后的问题开展研究。就应用理论研究而言，高校辅导员要加强对大学生思想政治教育实践问题的研究。

第四节　优化高校辅导员职业能力培养机制与环境

一、建立健全高校辅导员职业能力培养机制

加强高校辅导员职业能力培养，要建立健全一套既立足当前，又着眼长远的长效机制，吸引更多热爱大学生思想政治教育的高素质人才加入辅导员队伍，让更多人才在辅导员岗位上施展才华。

（一）建立健全选拔机制

配齐建强高校辅导员队伍，首先要严把入口关，将职业能力过硬的高素质人才选入辅导员队伍，从源头确保质量。针对当前高校辅导员选拔工作存在的问题，可从以下方面建立健全选拔机制：

1. 明确选拔标准

明确选拔标准，有利于规范选拔活动，促进高校辅导员职业能力培养的科学化发展。

第一，明确基本标准。高校辅导员选拔的基本标准为：政治强、业务精、纪律严、作风正，即德才兼备。高校辅导员要对大学生进行思想理论教育和价值引领，自身需要具备较高的思想政治道德素质。思想政治道德素质是高校辅导员完成立德树人根本任务应具备的首要素质。与此同时，大学生思想政治教育的专业性和科学性要求高校辅导员具备较高的专业素养和较强的职业能力。职业能力是衡量高校辅导员专业化、职业化的标尺。高校辅导员选拔中，只有既重品德又重能力，才能将职业能力过硬的高素质人才选入辅导员队伍，从源头确保高校辅导员的质量。

第二，明确具体标准。高校辅导员选拔的具体标准是：本科以上学历，热爱大学生思想政治教育事业，具有相关学科的宽口径知识储备，具备开展思想理论教育和价值引领工作的能力。高校辅导员选拔的具体标准涵盖学历要求、学科背景、职业能力、职业资格、

职业培训等方面。但总的来说，这一标准还比较笼统，须进一步量化和细化，才能增强选拔工作的针对性和实效性。

2. 坚持选拔的相关原则

第一，竞争原则。坚持竞争原则能促使高校辅导员选拔工作释放活力，形成能者上、庸者下、劣者汰的选拔氛围。高校辅导员选拔坚持竞争原则要注意以下几点：一是竞争要充分。竞争充分是竞争有效的前提和基础。竞争不充分，高校辅导员选拔就会流于形式，不但无法将职业能力过硬的人才选入高校辅导员队伍，还会浪费人力、物力和财力。二是竞争要科学。要在公开竞争中将职业能力过硬的高素质人才挑选出来，必须科学选择适合高校辅导员的竞争方式，根据高校辅导员职业能力的特点科学设计竞争环节。三是竞争要合理。既要符合高校辅导员选拔的实际需要，又要符合高校辅导员的职业能力现状。四是竞争要公平。高校辅导员选拔应要求所有应聘者在同等条件下平等参与竞争、平等接受选拔，杜绝不正当因素对选拔过程和结果的干扰。

第二，实践原则。实践性是高校辅导员职业能力培养的显著特征。因为，只有实践才能造就职业能力过硬的高校辅导员。高校辅导员职业能力培养的实践性决定了实践原则是高校辅导员选拔的重要原则。高校辅导员选拔坚持实践原则要注意以下几点：综合考察应聘者的职业能力表现和职业行为效果。高校辅导员的职业能力不仅呈现在大学生思想政治教育实践中，还会通过大学生思想政治教育效果表现出来。然而，具体的高校辅导员选拔具有时效性，需要在一定时间内完成，高校在短时间内很难对应聘者的职业能力进行全面考评，这就需要将辅导员选拔作为一项长期工作，动态考察应聘者的职业能力表现和职业行为效果。

第三，公平公开原则。公平公开原则能保证高校辅导员选拔按照既定程序进行，防止和减少不正之风，真正将职业能力过硬的优秀人才选入高校辅导员队伍。高校辅导员选拔坚持公平公开原则要注意三点：一是选拔标准要一致。高校辅导员选拔的标准要一致，不能因人而异。二是选拔机会要均等。选拔高校辅导员时要为所有应聘者提供公平竞争的机会，确保机会面前人人平等。三是选拔信息要公开。选拔高校辅导员时，要及时发布选拔的职位、类型、条件、时间、程序、结果等，让参与者及时了解选拔动态。

3. 改进选拔方式

改进选拔方式能提高选拔质量，增强实效性。针对高校辅导员选拔工作存在的突出问题，改进选拔方式可从以下方面入手：第一，组织推荐。组织推荐是由学校党委或组织部、人事处等直接从教书育人好的教师或品学兼优的学生中推荐高校辅导员人选。由于组织对推荐人的情况比较了解，组织推荐有利于将职业能力过硬的优秀人才选入高校辅导员队伍，但组织推荐中要防止拉关系、走后门现象。第二，公开招聘。公开招聘是指高校根据本校大学生思想政治工作需要和高校辅导员队伍配备情况，按自愿和择优的原则在全社会公开选拔优秀人才担任高校辅导员。公开招聘扩大了高校辅导员选拔的范围，有利于职业能力过硬的优秀人才脱颖而出。当前高校辅导员公开招聘的方式还不够完善，亟待加强理论研究和实践探索。

（二）建立健全管理机制

管理机制是高校辅导员职业能力培养规范化、制度化发展的保障。

1. 多层次建立管理机构

多层次建立管理机构有利于明晰不同管理主体在高校辅导员职业能力培养中的权限和职责，充分调动他们的积极性、主动性。高校辅导员职业能力培养中，多层次建立管理机构可从以下方面入手：第一，各地教育主管部门负责本地区高校辅导员职业能力培养的宏观管理。各地教育主管部门要加强本地区高校辅导员职业能力培养的组织领导，统筹规划管理目标、任务、要求和方法等，检查监督本地区高校辅导员职业能力培养的开展情况，尤其要听取高校辅导员对职业能力培养的意见，以此作为考核各高校辅导员职业能力培养的依据。第二，高校分管领导负责本校辅导员职业能力培养的全面管理。高校负责大学生思想政治教育工作的分管校领导要从战略和全局的高度，充分认识高校辅导员职业能力培养的重要性和紧迫性，强化领导责任，明确管理职责和要求，制定管理工作条例，落实管理责任制，将党和国家的相关要求落到实处。第三，院（系）党政领导负责本院（系）辅导员职业能力培养的具体管理。院（系）党政领导应在学校的统一领导和相关职能部门的大力支持下，负责本院（系）辅导员职业能力培养的具体管理，全面落实学校关于辅导员职业能力培养的管理办法。院（系）党政领导还可结合本院（系）大学生思想政治工作需要和高校辅导员队伍情况，制定适用于本院（系）的具体管理办法。

2. 坚持相关管理原则

对高校辅导员职业能力培养的管理必须坚持以下原则：第一，实效性原则。对高校辅导员职业能力培养的管理要注重实际效果，既追求物质成果，也追求精神成果；既注重高校辅导员职业能力的提升，也注重大学生思想政治教育的实效性。第二，系统性原则。坚持系统性原则，即将高校辅导员职业能力培养作为一个独立系统进行管理。自觉运用系统理论，对管理目标、要求、对象、过程等进行系统分析。第三，针对性原则。坚持针对性原则，即针对高校辅导员职业能力培养现状和高校辅导员职业能力现状"有的放矢"地管理。第四，长期性原则。坚持长期性原则，即将高校辅导员职业能力培养管理作为一项长期任务常抓不懈，在长期抓、反复抓中提升管理效率。第五，连续性原则。坚持连续性原则，即将高校辅导员职业能力培养管理作为一个重要任务常抓不懈。既要保证高校辅导员职业能力培养管理时间的不间断，又要保证管理过程的有序性。

3. 改进管理方式

高校辅导员职业能力培养管理要通过有效方式才能实现。建立健全高校辅导员职业能力培养管理机制要改进管理方式：第一，目标管理。目标贯穿高校辅导员职业能力培养全过程，是培养的灵魂和核心。高校辅导员职业能力培养的关键在于建立一个明确、客观、科学的目标。"明确"要求培养目标要清晰明了，不能含混模糊；"客观"要求培养目标要符合高校辅导员职业能力培养实际，尤其要符合高校辅导员职业能力实际，不能主观臆断；"科学"要求培养目标要反映培养本质和规律，不能随心所欲。第二，计划管理。高校辅导员职业能力培养目标确定后，接下来就要制订计划，克服培养的盲目性。在计划的具体制订中要做到全面详细，不仅要有目标、内容的阐释，还要有方法、途径、手段、措施等的规定。第三，制度管理。制度管理有利于规范培养行为和过程，克服主观随意性。高校辅导员职业能力培养的制度管理包括对责任制度、纪律制度、奖励制度和惩罚制度等的管理。

(三) 建立健全考核机制

考核机制不仅能客观反映高校辅导员职业能力培养情况，而且能科学评价高校辅导员职业能力培养情况，并以此为高校辅导员晋升和发展提供依据。

1. 科学制定考核标准

考核标准是考核的依据，根据标准可衡量实际效果。开展高校辅导员职业能力培养考核，首先要制定考核标准。制定高校辅导员职业能力培养考核标准可从以下方面入手：第一，遵循考核标准的相关制定原则。制定高校辅导员职业能力培养考核标准要遵循客观、合理、科学、可操作和稳定等原则。"客观"要求考核标准要实事求是，否则不能真实反映高校辅导员职业能力培养的实际效果。"合理"要求考核标准要符合高校辅导员职业能力培养实际和高校辅导员职业能力实际。"科学"要求考核标准既要体现社会发展对高校辅导员职业能力的客观要求，又要符合高校辅导员职业能力培养实际。"可操作"要求考核标准要便于操作。"稳定"要求考核标准一旦确定就不要随意更改。第二，明确考核标准的内容。高校辅导员职业能力培养的效果既可通过培养活动本身体现，也可通过高校辅导员职业能力体现，还可通过大学生思想政治教育效果呈现出来。因此，制定高校辅导员职业能力培养考核标准时，要综合考虑以下几方面的因素：其一，对高校辅导员职业能力培养活动效果进行考核。对高校辅导员职业能力培养活动效果的考核要综合考量培养活动的外部环境和内在动机，从中得出客观的考核结果。其二，对高校辅导员职业能力进行考核。对高校辅导员职业能力进行考核时，主要考核高校辅导员的职业能力是否得到提升、职业能力结构是否合理。其三，对大学生思想政治教育效果进行考核。考核大学生思想政治教育效果时，既要考核大学生思想政治教育系统内的纵向综合教育效果，也要考核大学生思想政治教育系统与社会大系统之间的横向综合教育效果。

2. 严格遵循考核原则

高校辅导员职业能力培养考核应遵循以下原则：第一，定性考核与定量考核相结合的原则。高校辅导员职业能力培养是质和量的统一。考核过程中，既要界定高校辅导员职业能力培养质量的高低，又要分析高校辅导员职业能力培养量的多少。二者的结合是经验和科学的结合。第二，个人考核与他人考核相结合的原则。高校辅导员职业能力培养分为社会培养和自我培养两种。因此，对高校辅导员职业能力培养进行考核时，既要采用检查评估、问卷调查、民意测验等他人考核的方式，也要采用高校辅导员自我考核的方式。第三，动态考核与静态考核相结合的原则。考核高校辅导员职业能力培养时，既要将其置于总的发展过程中考核其发展态势，又要将其放在一个相对稳定的环境中考核其现状。也就是说，考核高校辅导员职业能力培养既要立足当前，衡量现有效果；又要着眼长远，预见发展趋势。第四，过程考核与结果考核相结合的原则。高校辅导员职业能力培养是一个循序渐进的过程，不是一蹴而就的。考核高校辅导员职业能力培养，不能等到培养完全出效果后才考核，而应每隔一段时间，如每隔一学期或一学年即进行考核。也就是说，考核高校辅导员职业能力培养既要看最终效果，也要看培养过程中的阶段性效果。

3. 规范考核程序

建立健全高校辅导员职业能力培养考核机制须规范考核程序：第一，成立高校辅导员职业能力培养考核工作领导小组。高校应成立辅导员职业能力培养考核工作领导小组，该小组由分管学生工作的党委副书记或副校长担任组长，由组织部、人事处、学工部和院（系）组成。第二，制订考核方案并公布。具体开展高校辅导员职业能力培养考核工作前，高校要制订考核方案，包括考核目的、任务、指标、内容、方法、步骤、等级等。考核方案制订后，要通过文件、会议或网络的形式在一定范围内公布。第三，实施考核方案。考核方案制订后，考核工作领导小组要深入现实，通过问卷调查、座谈会、个别访谈等方式广泛深入地了解高校辅导员职业能力培养的开展情况。现状调查结束后，考核工作领导小组要整理分析调查阶段收集到的数据。第四，形成考核结论。考核工作领导小组要在综合调研的基础之上形成考核结论并将考核结论在一定范围内公示，以便各院（系）了解自己的成绩与不足，吸取经验教训，明确今后努力的方向。第五，根据考核结果实施奖惩。考核工作领导小组要将考核结果作为对各院（系）年度考核和奖惩的依据。考核不及格的集体或个人，要进行批评教育。对表现突出的先进集体或个人要给予表彰、奖励和宣传。

（四）建立健全激励机制

激励机制不仅能促使高校辅导员积极参与职业能力培养，还能激发其创新创造的活力。

1. 坚持激励原则

第一，物质激励和精神激励相结合的原则。物质激励和精神激励是两种不同的激励手段，二者满足需要的层次不同，激励方式不同。在对高校辅导员职业能力培养进行激励时要坚持二者的统一，既要通过津贴补贴、奖金奖品等进行物质激励，又要通过颁发奖状、通报表扬、授予荣誉称号、宣传先进典型等精神激励来激发高校辅导员参与职业能力培养的积极性。但总的来说，在对高校辅导员职业能力培养进行激励时要坚持以精神激励为主，物质激励为辅。这是因为物质激励主要满足激励者低层次的需要，精神激励能满足激励者高层次的需要，物质激励的持续时间较短，精神激励的持续时间较长。

第二，正面激励和负面激励相结合的原则。对高校辅导员职业能力培养进行激励时，既要对成效突出的集体或个人旗帜鲜明地开展正面激励，以便其他集体或个人学习、效仿，又要对成效较差的集体或个人给予必要的负面激励，教育其他集体或个人引以为戒。但总的来说，在对高校辅导员职业能力培养进行激励时要坚持以正面激励为主，负面激励为辅。这是因为：当前我国高校辅导员职业能力培养取得的成绩是主要的。这一客观事实要求我们在高校辅导员职业能力培养中要坚持以正面激励为主，充分肯定集体或个人取得的成绩。当然，对高校辅导员职业能力培养存在的突出问题也要实事求是地给予负面激励。负面激励是为了消除不利因素，调动有利因素，促使高校辅导员职业能力培养的顺利开展。此外，我们在对高校辅导员职业能力培养进行激励时，要掌握好正面激励和负面激励的度，做到实事求是、客观公正。

第三，内在激励和外在激励结合起来的原则。既要通过内在因素又要通过外在因素激励高校辅导员积极参与职业能力培养。但总的来说，在对高校辅导员职业能力培养进行激励时要坚持以内在激励为主，外在激励为辅。这是因为：尊重、信任、归属感、认同感、成就感等是激励高校辅导员参与职业能力培养的内在动力，而提高工资、改善生活条件、监督管理等外在因素是激励高校辅导员参与职业能力培养的外部条件，虽然能为高校辅导员职业能力培养提供物质保障，但这些外在激励要通过内在激励才能充分发挥作用。因此，只有将内在激励和外在激励相结合并坚持以内在激励为主，才能充分发挥激励机制的整体效应。

2. 综合运用多种激励方式

建立健全高校辅导员职业能力培养激励机制要综合运用多种激励方式。

第一，目标激励。目标激励是指通过设置科学、合理的目标以加强高校辅导员职业能力培养。高校辅导员职业能力培养有明确的目的性。目标激励能为高校辅导员职业能力培养指明发展方向，促使高校辅导员职业能力培养沿着正确的轨道健康发展。因此，高校辅导员职业能力培养要设置科学、合理的目标，激发高校辅导员对职业能力培养的兴趣。目标有不同内容，也有不同层次，因此，在对高校辅导员职业能力培养进行目标激励时，要善于根据激励对象的实际情况设置培养目标。此外，还要注意目标实现方式的有效性和目标实现的可能性等。

第二，制度激励。制度激励是指通过制定和完善制度以加强高校辅导员职业能力培养。制度是高校辅导员职业能力培养的依据和保障。制度激励能为高校辅导员职业能力培养营造良好的制度氛围，使高校辅导员职业能力培养有章可循。对高校辅导员职业能力培养进行制度激励时，要重视领导体制和管理机制的完善，明确高校辅导员职业能力培养的领导责任和管理关系。

第三，竞争激励。竞争激励是指营造竞争氛围以加强高校辅导员职业能力培养。高校辅导员职业能力培养在各地方、各高校、各院系的发展具有不平衡性。在竞争日益激烈的现实社会，高校辅导员职业能力培养采用竞争激励，有利于激发动力，鼓励先进。高校辅导员职业能力培养采用竞争激励，要以正确的思想为指导，引导竞争者明确竞争目的，按统一的标准和要求进行，既鼓励竞争者争取优胜，又提倡竞争者团结友爱。

二、优化高校辅导员职业能力培养环境

高校辅导员职业能力培养总是在一定的环境影响下进行。优良的培养环境能激发高校辅导员从业、敬业、乐业，从而自觉提升职业能力。当前，全社会高度认同、大力支持高校辅导员职业能力培养的优良环境尚未形成。因此，加强高校辅导员职业能力培养必须优化培养环境。

（一）创造良好的制度环境

创造良好的制度环境，保证高校辅导员工作有条件、干事有平台、待遇有保障、发展有空间。只有这样，才能吸引优秀人才加入高校辅导员队伍，使其潜心从事大学生思想政治工作。

1. 完善高校辅导员职业能力培养制度

建设一支业务能力过硬的高校辅导员队伍，须完善相关制度，使高校辅导员职业能力培养有制度可依。自高校辅导员制度建立以来，国家制定了一系列制度加强高校辅导员职业能力培养。这些制度的出台，进一步说明了高校辅导员职业能力培养的重要性和紧迫性，健全了领导体制和管理机制，对高校辅导员职业能力的提升起到了重要的推动作用。但是，在新的历史条件下，高校辅导员职业能力培养出现了一些前所未有的新情况。要有效解决这些新情况，须紧跟时代发展和社会进步，紧扣高校辅导员职业能力培养的主要矛盾和突出问题，完善高校辅导员职业能力培养制度。完善高校辅导员职业能力培养制度可从以下层面入手：其一，国家层面。国家加强顶层设计，为地方和高校提供政策导向。其二，地方层面。地方教育主管部门不仅要贯彻落实国家关于高校辅导员职业能力培养的制度，而且要结合本地高校实际完善高校辅导员职业能力培养制度。其三，高校层面。高校应根据本校大学生思想政治工作需要和高校辅导员职业能力现状，制定实施针对性较强的培养制度。

2. 落实高校辅导员职业能力培养制度

近年来，国家、地方和高校制定了一系列制度加强高校辅导员职业能力培养。现在的关键是狠抓制度落实，确保高校辅导员职业能力培养制度在实践中得到贯彻。为了确保高校辅导员职业能力培养制度的落实，国家有关部门应将制度落实情况作为高校本科教学质量评估的重要依据，地方教育主管部门应将制度落实情况作为高校办学质量和党政领导业绩考核的重要内容。高校在落实国家和地方关于高校辅导员职业能力培养的制度时，应结合本校实际制定相应的落实制度的措施。在落实高校辅导员职业能力培养制度的过程中，各级部门应加强检查监督，若发现制度与实践不相符合的地方，要及时调整，以保证高校辅导员职业能力培养活动的顺利进行。

（二）营造积极的舆论环境

加强高校辅导员职业能力培养，需营造积极的舆论环境。高校辅导员职业能力培养舆论环境的营造可从以下方面入手：

1. 引导人们认同和支持高校辅导员职业能力培养

社会的认同和支持能为高校辅导员职业能力培养营造积极的舆论环境，激发高校或辅导员积极参与职业能力培养。当前，社会各界对高校辅导员职业能力培养的认同度不高、支持力不大。究其原因，主要是因为没有正确认识和充分尊重高校辅导员的劳动和付出。高校辅导员的任务主要是通过深入细致的思想政治工作，引导大学生提高思想政治道德素质，促使大学生思想政治道德素质、科学文化素质和心理健康素质全面协调发展。高校辅导员的劳动是一种特殊性质的劳动，它不像专业课教师传授专业知识那样，会在较短时间内见效，高校辅导员的劳动具有潜在性、周期性和间接性等特点。再者，战斗在大学生日常思想政治教育与管理工作第一线的高校辅导员，工作任务繁重、工作内容琐碎、工作空间跨度大、工作时间长，他们的劳动是奉献性的而不是商业性的。只有当社会各界正确认识和充分尊重高校辅导员的劳动，大力营造积极认同、着力支持高校辅导员职业能力培养的舆论氛围，广大高校辅导员才能在教书育人岗位上有幸福感、事业上有成就感、社会上有荣誉感。

2. 宣传职业能力过硬的高校辅导员典型

榜样的力量是无穷的。宣传职业能力过硬的高校辅导员典型不仅能增进社会对高校辅导员职业能力培养的认同和支持，还能鼓励先进典型创造性地将成功经验与实际工作结合起来，在工作实践中提升职业能力。此外，先进典型的群际效应还能激发其他高校辅导员积极提升职业能力。目前，我国高校辅导员队伍中竞相涌现出了一批业务能力过硬的先进典型，他们为改革开放和社会主义现代化建设培养了一批批合格建设者和可靠接班人。要利用报刊、电视、电台、网络等传媒手段大力宣传这些职业能力过硬的高校辅导员典型，以此增加社会对高校辅导员职业能力培养的认同和支持，营造高校辅导员职业能力培养的良好氛围。要想宣传职业能力过硬的高校辅导员典型，首先要深入大学生思想政治教育实践，挖掘职业能力过硬的高校辅导员典型。挖掘典型时，务必做到真实可靠，切忌弄虚作假。在此基础上，要充分利用新闻、文艺、出版等途径推广职业能力过硬的高校辅导员典型，大力宣传他们的先进事迹，力求在全社会产生广泛影响，引起普遍关注。推广高校辅导员典型时，务必做到实事求是，切忌浮夸。此外，还应加强对高校辅导员典型的教育，戒骄戒躁，严格要求，不断进步。

(三) 创设良好的工作环境

工作单位培养是高校辅导员职业能力培养的重要途径之一。因此，工作单位的环境不仅影响着高校辅导员工作的效率，还影响着高校辅导员职业能力培养的效果。加强高校辅导员职业能力培养，要创设良好的工作环境。

1. 改善高校辅导员的工作条件

高校辅导员职业能力培养的顺利开展需要一定的工作条件，如宽敞明亮的办公场所、先进的办公设施、充足的办公经费等。缺乏必要的工作条件，高校辅导员将难以在工作实践中施展才干，更谈不上在工作实践中提升职业能力。改善高校辅导员的工作条件可从以下三方面入手：第一，提供宽敞明亮的办公场所。办公场所是高校辅导员发挥职业能力的地方。改善高校辅导员的工作条件，需要为其提供宽敞、整洁、明亮的办公场所。第二，提供现代化的办公设施。办公设施是高校辅导员开展工作的设备，能为高校辅导员职业能力的发挥和培养提供物质保障。第三，提供充足的办公经费。办公经费能为高校辅导员开展工作、提升职业能力提供资金保障。改善高校辅导员的工作条件，需要为其提供充足的办公经费，并将其作为学校基础建设的内容之一，保证专款专用。

2. 创设良好的工作关系

良好的工作关系不仅有利于高校辅导员在轻松、愉悦、和谐的工作氛围中发挥职业能力，而且有利于提升职业能力。创设良好的工作关系可从以下方面入手：第一，与上级领导建立和谐的人际关系。领导的重视和支持是高校辅导员职业能力培养的组织保障。加强高校辅导员职业能力培养，需要取得上级领导的支持。第二，与同事建立和谐的人际关系。大学生思想政治教育是一项系统工程，全校教职工都负有思想政治教育职责，都应守好一段渠，种好责任田。高校辅导员要卓有成效地开展工作，在工作实践中发挥和培养职业能力，需要与同事建立和谐的人际关系，积极创设互爱、互助的同事关系。第三，与学生建立和谐的人际关系。大学生思想政治教育是一个教学相长的过程。高校辅导员提升职业能力，需要与学生建立和谐的人际关系，积极创设辅导员关心、关爱学生，学生理解、支持辅导员的互动式师生关系。

第六章 高校辅导员工作模式制度优化与推进策略

第一节 高校辅导员工作模式创新的必然性

一、高校辅导员开展思想政治教育工作的理念创新

马克思（Marx）曾说过：社会意识取决于社会存在，同时对其进行能动反映。理念这种东西其实就是潜入人的意识中经过改造之后的东西。所以，要想辅导员的工作能够不断创新，就要让辅导员保持其观念的不断创新。科学、开放及先进的理念对辅导员而言，是可以给其工作实践或者思维创新带来积极影响的。

（一）树立以学生为本理念

"以学生为本"的教育理念指的就是将学生作为教学的核心，始终坚持使用马克思主义关于人的本质、人的价值、人的需要及人的全面发展的理论，将实际情况与历史事件结合映照，对当前的思想政治教育进行不断完善、优化、改革和创新，将引导和满足学生的发展需求和精神需求作为思想政治教育的基础；将引导人们发挥主观能动性、激发人们的主体意识作为思想政治教育的着力点；把尊重人、关心人、理解人作为思想政治教育的基本原则；把提高人的素质，实现人的价值，推动社会全面进步作为思想政治工作的目标。

目前有绝大部分高校辅导员选择为不同学生制订培养计划，由于每名学生都是不同的个体，他们都具备自身的特点，高校辅导员采用因材施教的方式才能够实现"以学生为本"的教育方式。每名学生都拥有自己的专长、特点、人格魅力，辅导员在制订计划的时候一定要考虑到学生的闪光点，要能够让学生的个性、主观能动性得到发挥。这就要求辅导员深入地与学生交流，做大学生的良师益友，及时了解他们的思想动态，把大学生当作教育的中心，在教育过程中尽可能考虑大学生的个性化需要，把大学生的根本利益作为一切工作的出发点和落脚点，不断满足他们多层次的需要，同时还要了解他们的才能与专

长，对他们进行个别的指导与教育。思想政治教育工作通过对大学生个性的挖掘，激发其创新意识与能力，所以在开展思想政治教育工作时，要坚持"以学生为本"的理念，对大学生的选择与个性给予足够的尊重，根据其特征与具体情况进行教育，从而使思想政治教育和大学生的个性、自我修养、人文精神、健康人格及全面发展相统一。

（二）树立全方位育人理念

当前辅导员面临所带学生数量多、思想政治教育工作内容繁杂和学生成长需求多的现状，仅凭辅导员一己之力，无法实现思想政治教育工作的实效性。辅导员面临这样的现实工作状况，必须学会借力助力，树立全方位育人的理念，才能在工作中事半功倍，游刃有余。

第一，要经常深入课堂，联系专业课教师，在专业课堂上实现将思想政治教育内容放到专业教学中来，发挥专业课教师在课堂上的思想政治教育作用。

第二，要发挥资深的领导干部、退休老专家教授和各地优秀校友的作用，并且也要发挥各项思想政治教育全方位育人理念的作用。辅导员的工作内容中诸如思想教育、日常管理、学风建设、党团工作、校园文化、实践创新和就业创业等工作，每一项都在承载育人的功能，辅导员应该以精细化管理为指导，以提高人才培养质量为核心，以服务大学生健康成长成才为目标，以提高大学生就业竞争力为落脚点，大力开展思想引导、美德引导、学风引导、关爱引导、实践引导等工作，在提升育人内涵中彰显全方位育人的特色。

（三）树立网络信息化理念

微博、微信的出现对辅导员的工作提出了新要求，大学生几乎每天都会花一部分时间上网，这就意味着辅导员首先自身要树立网络信息化理念，切合当前社会网络发展的趋势。要有较强的信息敏感度和信息意识，意识到信息化、网络化对当前思想政治教育工作的重要性，这样才能更好地贴近大学生对网络的需求。辅导员仅树立网络信息化的理念是不够的，还要有对网络信息的辨别能力。

（四）树立法治理念

以中国特色社会主义法治制度与理论为宗旨，使严格的法治监督、健全的法律理论、有力的法治保障、健全的党内法规及高效的法治实施等各种体系得以建成，使依法行政、执政及治国得以促进，实现法治社会，国家与政府一体化建设，并使公正司法、科学立法、全民守法和严格执法得以实现，从而推动国家治理能力与体系的现代化。

坚持依法治校，在日常的思想政治教育与管理过程中，辅导员首先要树立法治理念，做到有法可依、违法必究与依法办事，让大学生不仅意识到法律法规其操作性与约束力的优越性，更要树立知法懂法的法律意识。

二、高校辅导员开展思想政治教育工作的内容创新

思想政治教育的发展是动态的发展。随着新的时代背景的发展变化，为适应大学生成长中新的需求，思想政治教育工作的内容必然不断发生变化，需要进行不断的创新。

（一）开展职业生涯规划教育

要加强学生学业就业指导，帮助大学生顺利完成学业。大学生面对不断加大的就业压力，开始对未来的职业生涯发展感到迷茫，特别是应届毕业生，面对此压力有极为明显的困惑感。目前，对大学生的职业生涯规划指导已经成为高校辅导员思想政治教育工作的主要内容。

大学生的职业生涯规划教育实际上是一个基于个人与职业相匹配的过程，需要各种自我实践与体验进行辅助，其中社会实践活动则是大学生职业能力培养及理论和实际相结合的主要渠道。所以，辅导员需要有计划、有意识地对大学生进行引导，让其参与更多的社会兼职、单位参观、顶岗实习、社区服务及调研等实践活动，对职业生涯规划的实践内容进行不断丰富，使"规划—实践—规划"的良性循环得以形成，让大学生在和社会接触时，能够加深对自我与岗位的认知，能够意识到自身所具备的素质与岗位要求之间存在的差距，从而使其能够对自己的职业生涯规划进行不断的改进、调整及完善，进而使大学生的自我成长能够实现，对职业生涯进行规划教育的最终目标在于推动大学生的全面发展。所以在教育过程中，辅导员应该考虑到大学生才是真正的主体，考虑到不同阶段的大学生其职业发展的不同需求，以此来开展各种类型的校园文化主题活动，利用形式多样、丰富多彩的第二课堂活动，实现对大学生的全方面教育，比如，简历设计大赛、大学生职业生涯规划大赛、模拟求职大赛及素质拓展训练等，这些活动既会对大学生的成长和发展有着重要影响，同时也会使大学生的综合能力得到提高，进而使学生自身所具备的技能与知识能够满足具体的职位要求。

（二）开展网络素养教育

大学生的网络素养教育是指大学生在了解网络知识的基础上，科学使用网络信息提升个人的综合素养，主要内容包括辨别网络信息的素养、自我管理网络行为素养、网络道德

素养等。之所以进行网络素养教育，最重要的是提升大学生网络道德、法律意识及社会责任感，使得大学生可养成正确利用网络的习惯。自步入"互联网+"时代后，大学生素养教育当中加入了网络素养。所以，应当全面提升大学生网络素养教育，将其作为思想政治教育的一部分，使得大学生可自行建立科学化的网络素养。

对大学生的成长来说，这是必不可少的一部分，也是我国思想政治教育创新发展的内在动力。网络素养教育主要包括：

1. 坚持遵循社会主义核心价值观

大学生个人思想道德素质会直接决定其网络素养程度。大学生在网络世界的思想道德素养如何，从其网络行为就可判断。由于网络边界极为复杂，但网络信息的即时性、海量性等优点使得大学生不得不应用网络信息。面对真真假假、正能量与负能量共存的网络信息，辨别能力弱的大学生必然会在网络世界中迷失。社会主义核心价值观作为引导大学生正确选择与应用网络信息的重要思想，可使得大学生提升辨别能力，遵守网络道德规范，规范个人网络行为，以此提升网络综合素养。

2. 通过网络道德、法治教育来规范大学生的网络行为

将网络相关道德知识与法律规范知识传递给大学生，引导其树立正确的网络行为意识，自觉遵守网络行为相关规定。由于网络世界的复杂性，个人容易忽略行为规范要求，甚至经常性做出违反行为规范的操作。之所以存在某些大学生缺乏网络素养，关键原因在于缺乏网络规范，所以，要将网络道德、法治教育作为教育重心，使得大学生可全面了解网络道德。可通过引导大学生了解相关网络法律规章，自觉遵守规章制度的要求，让大学生明白在行使网络行为过程中只有在道德、法律的框架下才对社会有益，以此提升大学生的自律性。

3. 网络责任感教育开展，应将社会责任感教育作为基础内容

之所以开展网络社会责任感教育，主要目的是引导大学生积极承担社会责任，在保障社会公共利益的前提下行使个人权利。网络责任感教育的开展，可有效引导大学生树立正确的网络意识，并使得大学生可积极承担社会责任，让其意识到不规范的个人网络行为可能影响到他人及社会的利益，制作与传播负面网络信息将伤害到他人及全社会。社会责任感教育的开展，可使得大学生对网络责任感的理解更为深入，使其可自行规范个人在网络世界中的行为，以此不断提升个人网络素养。

4. 通过合理传播、利用网络信息教育入手，开展科学运用网络信息相关教育

网络信息的合理制作、传播、利用都应当从思想政治教育层面入手，引导大学生正确

认识网络行为，全面挖掘网络信息的积极意义，引导大学生在使用网络信息过程中自觉遵循网络世界的秩序，积极传递正面信息，保持网络空间的长久清新。

所以，在网络素养不断提升的同时，还须加强高校思想政治教育相关网站的构建，以及网络道德的不断规范，使校园网络具有全新的文化氛围。另外，还可以通过对大学生与辅导员的网络培训和学习，来进一步扩展思想政治教育工作的内容。

（三）开展社会主义核心价值观教育

从国家层面，大学生要热爱自己的祖国，这是每名大学生都应该具备的情怀，把祖国的发展同个人联系起来。辅导员应引导大学生树立自强的意识，成为对国家有用的人，为祖国的发展尽一份力。多组织观看爱国题材的纪录片或电影，使大学生了解国家的历史和发展情况，对自己的祖国有更全面的认识。合理利用学生宿舍空间建设，宣传和弘扬民族精神；从社会层面，辅导员应引导学生关心和关爱社会，使大学生树立集体主义意识。当个人利益和集体利益发生冲突时，要牺牲个人利益，有勇于为社会做贡献的精神，积极为社会做力所能及的事，进一步树立社会责任意识，并在集体之中获得自我成就感和归属感；从学生个人层面，首先要加强大学生诚信价值观建设。

（四）开展创新创业教育

辅导员要塑造良好的大学生积极创新、敢于创业的氛围，在潜移默化中引导大学生形成创新与创业意识。

第一，辅导员应当引导大学生参与到学校社团组织的活动中，组建创业小组。可定期邀请创业成功的投资家、企业家或者往届创业成功的典型校友到学校开展与创业相关的讲座，可面对面指导大学生，传授个人的创业经验，为大学生授业解惑。

第二，辅导员要多加了解大学生的思想意识，从中挖掘具有创业意愿及创新意识的大学生。针对具有这方面思想及潜力的大学生，辅导员应当加大培养力度，多加支持与鼓励，引导他们主动关注创新创业有关的内容，自主进行创新创业。同时还可推荐能力强的学生加入专业教师的课题研究中，使其视野得以拓展，才可切实得到锻炼，为今后的创新创业奠定扎实的经验基础。

第三，辅导员要引导大学生参加创新创业相关活动，如校级、省级大学生创新创业训练计划项目、"挑战杯"、课外学术科技作品竞赛、各级各类的创新比赛与学科竞赛。参与比赛时，辅导员需要与专业课教师进行沟通，让其对参赛同学予以专业指导，这样既可以有效地对大学生的创意与选题进行把关，又可以为他们解答各种比赛有可能涉及的疑问。

对于积极参与创新竞赛活动和创新创业实践项目并获奖的学生，辅导员要给予他们表彰鼓励并大力宣传，使他们成为大学生开展创新创业活动的榜样和示范力量，从而带动更多的学生加入创新创业活动中来。

高校辅导员要使用各种形式使学生的创新能力得到训练、创新意识得到培育、创新品质得到塑造及创新知识得到学习，从而使他们与时代发展的需求、与创新型国家建设的需要相符合。基于此，辅导员应该对思想政治工作进行不断创新，充分利用有效的思想政治教育，来对大学生的创新特征进行培育，进而推动能够开发大学生创新能力刺激机制的构建，能够发挥大学生创新能力氛围的营造，建立大学生创新能力得以实践的平台。

（五）开展生态文明教育

生态文明建设与经济、政治、文化等多方面建设相关，对辅导员的工作内容同样也提出了新要求。辅导员开展思想政治教育工作内容要紧跟时代的脚步，时刻向党中央靠拢，在辅导员思想政治教育工作中融入生态文明建设，引导大学生树立正确的人与自然共同发展的理念，切实发自内心尊重自然、爱护自然，以此达到生态文明建设教育的目的。

1. 引导大学生树立正确的生态保护意识，增强大学生的社会责任感

辅导员全面落实生态文明教育，积极宣传环境保护意识，将环保作为大学生行为规范的准则，引导大学生真正地爱护自然、保护自然，切实明白人与自然共存的关键性。

2. 使大学生养成节约资源和保护环境的习惯

辅导员在进行生态文明教育及环境保护宣传的同时，还要真正地去引导学生养成良好的行为习惯，从身边的一草一木开始保护，不浪费资源，同时还要鼓励学生，在自身做到保护生态环境的情况下要去影响身边的人，使越来越多的人意识到保护生态环境是每个人的责任。

辅导员在思想政治教育中加入生态文明教育，可以使大学生更好地认识人与自然的关系，认清生态文明教育整体性的基本价值取向，避免对个人利益的破坏和掠夺，自然资源的占有导致人与自然的不和谐发展，可以提高大学生的道德境界，培养整体道德思维，增强生态道德意识。

（六）开展法治教育

深入开展法治宣传教育，把法治教育纳入国民教育体系，其目的就是要在整个社会引导民众树立法治意识。大学生作为推动社会发展的主要力量，他们是否能够做到遵纪守

法，对我国的法治建设具有直接的影响。所以，大学生既需要掌握基本的法律常识，还要形成良好的遵纪守法的习惯。法治教育应该从小事做起，从不违纪、遵守规章制度做起，大学生树立正确的法治观念，不仅能够使自己遵纪守法，还能推动社会朝着更加健康的方向发展。

辅导员作为大学生法治教育的引导者，必须思考在思想政治教育工作内容中如何融入法治教育内容。要按照循序渐进的培养思路，制订详细的法治教育方案，从大学生法律规范的认知做起，进而培养大学生法治思维，最终使得大学生树立坚定的法治信仰。从途径上来说，要通过法治教育宣传等活动，引导大学生系统地学习国家的基本法律规范，使得大学生能够对法律规范有较为全面的认知。要通过司法实践活动，例如模拟法庭，组织学生选择法律案件，分别让学生担任原告、被告、律师、法官等角色，使学生能够更加深刻和真实地感受法律案件，从而达到对法律法规熟知的目的。司法实践活动还包括以案说法、庭审观摩等。

引导大学生在实践活动中养成法治思维，引导学生在日常生活学习中不断进行行政执法的探索，通过探索使得学生更深刻地理解依法治国的方略和现实法治基本状况，进而坚定法治信仰，树立法治意识，自觉遵守法律规范，参与到法治中国的建设中来。

三、高校辅导员开展思想政治教育工作的方法创新

目前，我国还处在社会转型时期，经济利益分配、生产生活方式、社会经济成分及社会组成形式的多样化，使思想政治教育理想成果的获得需要通过层次化与多样化的教育方式来实现。高校辅导员思想政治教育工作的不断创新也是满足大学生的成长需求及学习渴望的关键因素。创新的方式应当结合大学生的实际情况，有针对性地进行创新，寻找有效的方式，处理好个性与共性间的问题。

（一）运用同伴辅导的方法

班级同伴辅导员是指从高年级选拔优秀学生担任新生助理班主任（以下简称助理班）。他们把时间集中在简单的训练上，每班可设置两个助理班，一男一女，助理班以"兄弟姐妹"的身份帮助新生更好地适应大学生活，选派合适的人员担任班委，指导新生班级工作的开展，营造良好的班风和学风，推动创建优秀班集体，帮助新生养成良好的生活习惯。同时，为他们制定详细的学习计划和目标，及时掌握新生的心理和思想状况，在日常学习和生活中开展新生思想政治教育。特殊同伴辅导员是指选拔本年级优秀学生担任项目组组长，每组人员根据各年级学生人数确定。特殊同伴辅导员大致可分为以下类型：

学业督导：主要负责与学业有关的工作，如上课、自习的出勤统计，更好地保证学生按时上课，协助辅导员进行奖学金评定工作，使之更加公平、公正、公开。

扶贫励志：负责贫困生的资助工作，如协助辅导员评定国家励志奖学金、省政府奖学金等，同时也负责向贫困生发布一些关于勤工俭学的招聘信息。

信息维护：负责学生自然信息的更新，使辅导员更好地掌握年级情况，通过这些信息可以更全面地了解学生。

日常管理：负责日常信息的发布与材料的收集，如考试的时间地点、科研竞赛的报名、选课通知等。

学业帮扶：负责学业困难学生的学习情况，主要针对期末有挂科危险的同学或者自主学习能力较差的同学，帮他们制订学习计划并进行"一帮一"指导。

心理咨询：负责心理危机学生的信息收集，及时发现问题与辅导员沟通，和心理危机同学密切交往并建立深厚友谊，采取团队辅导及个体咨询相结合的方式进行工作的开展。

寝室建设：主要负责寝室卫生，每天对寝室进行检查，督促寝室卫生较差的同学，使他们有一个干净整洁的生活环境。

党团建设：协助辅导员负责学生的入党入团工作，积极引导学生的思想向党团组织靠拢。

安全稳定：负责提醒同学假期及节假日安全问题，包括节假日学生流向情况的统计。

文体活动：负责文体活动的通知及相关体育项目的训练，其中包括组织学生夜跑、参加讲座等，使学生强身健体的同时也丰富了他们的课余生活。

特殊同伴辅导员是学生中的优秀骨干，他们具备较强的工作能力、较高的综合素质，是能够胜任同伴辅导员工作的，然而他们并不了解同伴辅导员的实际工作方式、特点、性质，所以应当加大挑选出的同伴辅导员的培训力度。就班级同伴辅导员而言，培训应包括普通高等学校学生管理的相关规定、马克思主义的基础理论、同伴辅导员工作方法、马克思主义中国化的最新理论成果、心理健康相关知识、高等学校学生行为准则及危机处理方法等。培训的主要目的在于提升同伴辅导员的学习积极性与主观能动性，使其可更加了解同伴辅导员工作的重要性及必要性，明确自身肩负的责任和使命，进而实现自身综合能力的提升，为广大新生更好地服务。

（二）运用项目育人的方法

项目育人能够引导大学生紧紧把握国家发展的前沿知识，能够引导大学生发挥同辈研讨的作用，实现思想创新碰撞的火花。当前高校辅导员参与指导的大学生创新创业计划项目、"挑战杯"创业计划大赛和课外学术科技作品大赛及各个专业的学科竞赛，其本质上就已经在实施项目育人的方法，也已经取得很好的成绩。

如何深入发挥项目育人的方法，更好地引领大学生进行创新，需要辅导员深入思考。使用项目育人的方法，要善于发现国家的需求，指导学生团体设定研究方向。要积极引导大学生重点关注国家现实重大问题，服务国家政治、经济和社会发展，多角度、多层面发现研究解决实际问题的有效途径，努力形成系统成果，为相关政府部门科学决策、制定政策，提供有参考价值的意见和建议。提升服务经济社会发展的能力和水平，要发挥大学生专业优势，引导大学生努力钻研专业学科知识的广度，实现厚积薄发。要加强团队协作能力的培育，改变传统"单兵作战"的模式，努力发挥团队每个大学生的特长和优势。

（三）运用课程化的方法

所谓课程化的方法是指辅导员在开展思想政治教育工作中融入教学的理念，将工作内容采用课程的形式予以规划，将工作行为采用教学的标准加以规范，用科学的方式评价工作效果，课程化的方法所形成的效果较好，使得辅导员的工作能力大幅提升，也使得辅导员队伍渐渐趋于专业化、职业化，为国内思想政治教育工作的创新提供了有效启示。运用课程化的方法开展思想政治教育，在近些年的思想政治教育实践工作中其实也不乏先例。

纵观当前辅导员在开展大学生思想政治教育工作中存在教育内容不系统的现象、教育过程"蜻蜓点水"的弊端、教育效果评价缺失等诸多问题，充分总结当前以课程化的方法开展的心理健康教育、就业指导教育、职业生涯规划教育和创新创业教育课程的方法和经验，采用课程化的方法逐渐规范思想政治教育工作的其他内容，对提高大学生思想政治教育工作的针对性、实效性具有重要意义。

四、高校辅导员开展思想政治教育工作的载体创新

思想政治教育载体，指的是用于传递与承载高校思想政治教育的内容与工作的物化形式。以思想政治教育的综合形态为依据进行分类主要可分为宣传载体、活动载体、文化载体，以现代形态为依据进行分类主要可分为网络载体与传媒载体。随着现代科技及全球经济一体化进程的不断发展，在很大程度上改变了大学生的行为方式与思想观念。因此，要对各种载体形式进行不断的创新，使其与时代发展相适应，以有效性、整体性、层次性、主导性等原则为依据来实现高校思想政治教育工作载体的创新。

（一）推动网络载体的创新

网络载体的普及与发展拓宽了高校思想政治教育的渠道，网络中共享信息与信息形式

的多样化，使其有丰富的网络资源用于思想政治教育。

1. 合理利用 QQ 群，及时了解工作信息

首先，建立班级 QQ 群。辅导员应建立涵盖班主任及班级全部成员的班级 QQ 群，与学生之间加强沟通、增进了解，融入学生群体中，使班级成员的关系在网络中也能够得到进一步的维护。通过交流思想、即时聊天等方式使思想政治教育工作得以更好的开展。同时，在出现问题时辅导员应及时的回应与处理，树立自身积极的形象，从而为今后的工作打下坚实的基础。

其次，建立学生干部 QQ 群。学生干部包括班委、领导小组、学生会干部、校级组织干部等。学生干部是大学生中的领导者，同时也是同学心声的发言者，在学生中有一定的威信和说服力，是辅导员与学生沟通的重要纽带。辅导员利用 QQ 群发布工作任务，对于工作中存在的问题可以在群里相互讨论，学生干部把同学的意见和想法传达给辅导员，同时辅导员也可以及时提醒学生干部在工作中会遇到的困难并给出相应的建议。这无论对辅导员还是对学生干部来说都是很好的交流机会，在增进师生感情的同时也提高了学生干部的工作能力，从而达到双赢的效果。

最后，建立年级 QQ 群，通过 QQ 群辅导员可以对校园活动、学校工作等进行宣传，广泛听取大学生的建议，为开展思想政治教育工作提供依据。同时，辅导员可以通过 QQ 群的资源共享功能将学习资料、课件与需要传达的信息传到群共享，大学生可以有选择性地依照自身需求进行相应的下载，这对于推动大学生的自我提升、自我教育有积极的作用。

2. 运用微信平台，扩大影响范围

首先，相对于微博，微信更加私密，而相对于 QQ，微信又更加灵活。所以对微信的利用，可以帮助辅导员更加准确、灵活地了解大学生的思想状态。朋友圈作为微信的特有功能，不仅能够让用户发表文字、音乐、视频或者图片，还能够让用户对其好友的照片或动态进行"点赞"与"评论"。因为微信具有使用资费低、流量消耗少的特点，所以大量大学生的微信是 24 小时在线的，同时还喜欢将心情、感受与想法等在"朋友圈"中发表出来。因此，辅导员可以与大学生建立友好关系，通过朋友圈中的信息对学生的内心世界进行更加深入的了解，从而为思想政治教育工作的开展奠定基础。

其次，辅导员在和学生微信好友关系确立后，可以按照具体情况或者教学需要与学生私聊或群聊。进行私聊时，往往比较容易了解到真实想法与感情，更有利于辅导员发现问题及解决问题，进而对大学生的健康成长具有极大的推动作用。进行群聊时，可以选择一

些大学生比较关注或者与其密切相关的问题进行讨论，这样就能够有力地调动学生的热情。不仅有利于师生之间的沟通与交流，还有利于学生健康风貌的形成。

最后，辅导员可以利用微信公共平台的构建，建立大学生与学校间的交流渠道。

3. 创新微博载体加强渠道建设

微博是当前大学生极为常用的一种平台工具，微博能够让大学生自由表达自我、快速接收到信息，并且打破了网络和移动网络之间的界限，让大学生能够在校园生活中时刻与学习有紧密的联系。因此，思想政治教育应该要好好地利用微博这个平台工具。

首先，高校辅导员需要开通自己的工作微博。构建起一个开放、平等的思想政治教育交互平台，让资源共享转变成为思想政治共享，扩展思想政治教育的载体范围和活动空间。通过微博平等交流的特点，实现辅导员与学生之间的平等交互，让辅导员与学生之间的沟通得到加强。

其次，高校的每个职能部门都可以开通自己部门的工作微博，以学生为主体的各个团体可以开通社团微博，以班级为单位开通班级微博。将实时信息、照片、活动等通过微博及时发布出去，加强与外部的交流。这样不仅能够加强师生之间的关系，还能够传递给学生学校的人文关怀，更好地实现思想政治教育工作。辅导员通过微博对大学生进行思想政治教育有利于推动与大学生的交流和沟通，以及平等群体环境的形成，这对于思想政治教育实效性的提升所产生的作用是巨大的。

4. 理顺校园贴吧引导正确舆论走向

当前，高校的贴吧成为在校大学生校园生活中的重要一部分。许多学生会将自己的想法发布到贴吧上，辅导员可以通过贴吧了解到学生的真实想法。因此，高校需要利用自身的资源去引导和帮助大学生建立良好的思想观念。首先，高校可以将校园论坛作为载体，构建起一个网络舆情疏导机制，让辅导员能够在网络中规范大学生的讨论言语。另外，对校园贴吧的利用还能够帮助辅导员及时掌握学生出现的问题，以便可以及时处理。通过与学生的交流和沟通，能够及时发现学生之间的矛盾和冲突，在第一时间将其避免。其次，可以将校园贴吧作为载体组建一支网络管理队伍，如主管学生工作的教师、辅导员等，对部分和国家政策、法律法规或学校规章制度相悖的信息，进行及时清理和回应。

（二）推动活动载体的创新

活动载体的作用主要是提供一个平台实现自我教育，将教育与自我教育进行有机结合，采用有效的活动发挥出思想政治教育的全部功能。

1. 创建丰富的社会实践活动

在高校辅导员思想政治教育工作中，社会实践活动是无法缺少的一环。大学生通过社会实践活动可以提升自身的社会责任感，因此社会实践活动的意义是极为重要的。所以，高校要构建一套保障社会实践活动能够有效实践的体系，并对社会实践活动育人机制进行深入的研究。高校需要在教育大纲和规划中加入社会实践活动，并且将社会实践活动规范化，将其视为一项重要的学科教育给予资源的支持。高校辅导员更需要积极组织和鼓励大学生参与社会实践活动，让大学生在社会实践活动中去了解社会的发展现状、政治观点及道德规范。

2. 支持学生社团的活动开展

学生社团活动在学生综合素质的提升、成才的推动及社会适应度的增强等方面具有重要的作用。辅导员要通过多种途径丰富学生社团活动与课余生活，通过学习与体验多种形式的集体活动，对大学生进行集体主义教育，对其团结协作精神进行培育。作为知识拓展、技能培训的重要基地，需要对学生社团进行指导与扶持。例如，加强正面指导，大力扶持学习型社团，积极鼓励志愿服务型社团，在开展各种社团活动的基础上提升大学生的文艺体育技能，从而实现增强大学生综合素质的目的。

3. 大力加强校园文化建设

校园文化对于教育有着非常重要的意义，高校通过开展健康、有意义的校园文化活动可以切实提升大学生的综合素质，让大学生能够在良好的校园文化环境中成长，推动学校精神文明建设的开展。如通过举办音乐会、运动会、艺术节等活动，让大学生陶冶自己的情操，提升自己的交际能力，培养自己的艺术素养等。另外，高校还应该注重少数民族的传统节日，让少数民族的大学生能够感受到如同家乡的温暖，促进民族大团结，同样也使其他民族的学生能感受到不同民族的文化活动，从而提高大学生的综合素质。

4. 推动宣传载体的创新

宣传载体在辅导员思想政治教育中具有明显的优势，一是宣传渠道广，宣传范围广，影响力好；二是能紧密反映时代特征，适应大学生快节奏的生活；三是宣传信息承载能力大，宣传深度好；四是具有良好的感染力，能够形成良好的思想政治教育讨论氛围。这里适当的传输载体具体指的是空间载体的构造。目前，高校辅导员开展思想政治教育主要采用宣传海报、板报、新媒体、校园网、校园广播等形式。虽然这些载体具有方便的优势，但缺乏有效性。

第二节　高校辅导员工作模式创新的基本设计

辅导员工作的创新，是其永葆生机的动力源泉，辅导员工作也只有不断创新，才能在实践中真正表现出主动性、针对性、实效性，增强时代感、感染力、说服力，不断发展新理论、创造新经验、解决新问题、做出新贡献。在既往的管理模式面临挑战、新的管理模式正在构建之际，辅导员应当在管理过程中以创新的姿态积极面对，以勇于实践的精神大胆实践。我们认为，可以从理念、素质、制度、策略等四个角度提高辅导员的管理效能，这也是高校辅导员工作创新的重要途径。

一、理念更新

理念更新提升高校辅导员管理效能的目标取向。学生工作的理念是指人们对学生工作的理性认识、理想追求及所持的思想观念和哲学观点，是具有稳定性和延续性的学生工作认识、理想和观念体系。在无形的教育过程中生成着无形的教育文本，最大限度地促进学生发展是教育最根本的使命，高校辅导员首先要树立正确的工作理念，这似乎已经成为共识。高校辅导员的学生观应该是具体的、非形而上学的，是对大学生培养目标和新教育理念下学生观的理解，更是对本校学生的具体、深入、生动的理解，并扎根于管理学生丰富的切身体验和理解中。

（一）树立坚定信念，重视学生的每一次成长

管理服务于教育，但管理注重安全、简单、有序和效率，而教育强调尊重人的差异、创造力和丰富性。辅导员在工作中要坚定对学生工作的信念，关心每一名学生的成长，真正把自己的爱心和责任投入到实际工作中去，感受每一次学生成长的快乐。没有以人为本的人文关怀和人文教育，人类灵魂的工程师就成了无用的路标。有些学生能够从教育中获益，但是有些问题是不能解决的，至今还在苦恼着，这需要时间去解决，在一定程度上是对自己工作的一种考验。同时，每名学生的个性、能力是有差异的，对于不同的学生辅导员应进行不同的教育策略，因人制宜、因事制宜、因材施教，才能收到良好的效果。

（二）树立师生平等理念，成为学生的知心朋友

辅导员只有与学生成为朋友，进行真诚的交流，才能了解学生的内心，才能把握前线

动态，正确处理学生事件。多数大学生认为，如果辅导员能够真诚、平等地关心学生，不仅会使他们的关系和谐，而且会感到非常温暖。学生希望辅导员能经常走访学生宿舍，更深入地了解学生，这有助于消除彼此的陌生感，促进交流。学生还希望，当他们犯错误时，辅导员可以私下与他们交谈，而不是当众批评他们。

（三）树立为学生服务的理念，善于解决学生的实际问题

教育学是最辩证最灵活的一种科学，也是最复杂最多样化的一种科学。这里的辩证、灵活、复杂、多样正是基于教育的复杂和多样，而教育的复杂多样则是基于教育对象是活生生的人。教育过程是生成性的，需要教师立足于教育情景的实际变化，根据自己的教育理念做出即时的判断、决策，而不是按照既定的技能模式"按图索骥"。

要用积极的行动和崇高的师德去赢得大多数学生的口碑，使辅导员在学生群体中产生较强的亲和力。假如辅导员不对教育事业心存敬仰，而是将其看作名利的阶梯，忙于钻营和应酬，那么他就体会不到教育这一崇高事业所带来的成就感和幸福感。只给学生读读有关文件和应付简单的事务，是远远不够的。师生间有着充分情感交流的教育细节最让学生难忘，学生充分发挥其自主性的教育细节最让他们难忘，辅导员必须具备职业的敏锐性，为学生发挥才能创造条件。

（四）建立师生共同愿景，为开展工作提供参照坐标

在管理学中，共同愿景是组织中人们所共同特有的意向或景象，是全体组织成员关于组织未来发展的目标、任务或使命的共同发自内心的愿望或意志，是组织凝聚力的核心。辅导员应当把建立共同愿景作为实现其管理目标的重要手段和途径，通过建立共同愿景，使学生积极主动地为实现组织目标而努力。

1. 从个人愿景到共同愿景

辅导员要经常学习、聆听学生的个人愿景，并经常让学生分享，也经常让学生之间互相分享。通过有效的交往与沟通，塑造出班级甚至年级的共同愿景图像。因此，在学生管理中，为了激发学生学习的可持续性，可以实施愿景管理。在教育方面，要求学生设定目标，指导学生在大目标下制订每学期的成长计划，并监督计划的具体实施，使学生深刻认识到学习是为了实现自己的理想，实现更美好的未来，从而鼓励他们提高学习欲望和效率，保持学习热情。

2. 从共同愿景到活动参与

当个人愿景在组织的价值观、理念的引导下与共同愿景融为一体时，真正的共同愿景

便会建立起来。共同愿景让每名学生体验到自己是共同体中的一员并愿意接受社会与班级的规则、规范，使每个个体具有强烈的认同感和自我效能感，并在精神共同体的感召下致力于班级建设的共同愿景，优化班级整体行为，使全班同学融入、凝聚到集体行动中。建立好共同愿景后，辅导员要充分调动学生参与到活动中来，并应当注意听取学生的不同意见与建议，才能更好地赢得学生的支持，扩大学生活动的参与面。当共同愿景反映和代表了所有集体成员的发展轨迹时，他们在大学里所要掌握的专业知识、专业技能、社会交际等能够在共同愿景中得到实现，他们可以更好地融入其中。

二、素质修炼

素质修炼是高校辅导员管理效能提升的内在驱动力。把自己修炼好、发展好、教育好，是每一个辅导员开展学生管理工作的内在驱动力。辅导员要在可能影响到学生的思想方法、政治观念、学术态度、心理素质、语言表达、兴趣爱好、气质性格等方面不断修炼，从而高效、高质量地完成大学育人与管理工作。我们主要从以下方面来谈谈高校辅导员如何进行自身的素质修炼：

（一）良好的心理素质是抓好学生工作的心理基础

一位优秀的辅导员不仅体现为能应用专业知识与技能对学生进行有效的教育与辅导，具有团队的领导能力，以及对学校和专业团体的贡献等方面，还必须有良好的身心素质和应急能力，毕竟，学生工作的变幻无常和事无定量经常让工作中的辅导员显得无所适从。

1. 具备自我监控能力

自我监控能力是问题解决的一种特殊形式，辅导员的工作内容繁杂，教育周期长，如果不具备一定的自我监控能力，仅仅局限于处理日常事务，结果是付出了许多辛苦，却得不到多少效果，造成脑力劳动体力化，教育活动失效。因此，在涉及处理学生问题，化解学生摩擦、矛盾等辅导员日常性的工作中，辅导员需具有多谋善断的能力，就是说在处理学生事务、解决工作问题上，要主意多、点子多、办法多，能从中选择出最合适的主意与办法，并能结合学生工作的特点，当机立断和坚决执行。碰到学生问题时，必须明白自己是一名教师，应该站在学生管理工作者的高度看待问题，不能因为感情用事，犹豫不决，更不能受问题的干扰影响自己的工作情绪，丧失解决问题的良好时机。

2. 具有化解学生心理危机的能力

大学生的心理问题表征比以往更为复杂。善于预防和发现心理问题是化解心理危机的关键。一方面，辅导员要主动同处于心理危机期的学生谈心，预测随时可能发生的和潜在的危机，调动各种可以利用的资源，控制乃至消除危机行为，从而使现存的危机得以解决。另一方面，对问题学生要分清情况，采取不同措施，尽量帮助他们解决实际困难，使管理更具针对性。辅导员的管理行为和育人意识一直要伴随学生的成长，尤其是对那些有劣迹的同学，辅导员的视线要形影相随，要掌握他们的言行踪迹。为了防止时紧时松、没有持续性，辅导员还可以用列表的方式做定期的思想工作和调查工作，做一次记一次，譬如根据不同对象建立贫困生档案、心理图、心理危机干预备案、谈心记录等，保障跟踪落实。

（二）加强业务培训是提升高校辅导员管理效能的催化剂

辅导员是否德才兼备直接影响到辅导员的声望和威信，辅导员是否受到学生的爱戴和尊敬直接影响到辅导员工作的有效性。最佳的专业发展是所有致力于专业成长的人和环境相互作用的直接结果；最佳的专业训练是把大量的知识、技能和能力应用到个人发展。作为一名辅导员，只具备良好的理念还不能成为一个合格的辅导员，而要把自己的理念和专业素养转化为实际效果，还需要在实践中加以检验，因为实践是衡量辅导员能力和水平的最终标准。

1. 积极参加培训研讨活动

辅导员积极利用各种培训机会，认真参与其中，一方面可以促进不同院校之间的工作交流，另一方面也可以提高辅导员从事学生工作的技能，提高学生工作的质量和效果。同时，辅导员应学会以研究的态度工作，在不断地研究与工作中确立先进的教育思想和管理理念，掌握学生工作的规律和科学的研究方法，从而提升自己的专业水平。还需要大学定期开展学生教育管理研讨活动，编订有关辅导员工作案例的书籍，成立各种学生管理的核心团队，引导辅导员进行理论和实践相结合的研究，这对改进辅导员的管理效能具有重要的意义。

2. 自觉进行工作反思

作为专门从事学生管理工作的辅导员，他们真正开始工作后才感觉到自己知识结构的单一和管理经验的匮乏。教育问题情境的独特性和生成性意味着辅导员工作不是一种技术实践，而是一种反思性实践。教学反思不是检查技术应用是否正确，而是反思教师教育措施和教育场景的恰当性，反思教师自身的教育理念和教育生活的意义，积极抵制和消除各种外部干扰，获得自由的人格。辅导员要善于从忙碌的工作中总结出规律，抓大放小，否则永远只会应付那些处理不完的琐碎事务。实践经验的反思中总能发现很多的问题和规律，这样才能不断提高工作水平和管理效能。

（三）成为有效的沟通者是做好学生工作的重要要求

有效沟通的能力对辅导员与他人之间的人际关系，对学生进行解释时的清晰简明程度，以及学生的理解能力和学业成就都会产生影响。由于辅导员经常与学生接触，学生在学校生活、学习，许多繁杂的事务需要辅导员帮助处理，辅导员就自然而然成为影响学生成长的重要人物。辅导员经常滔滔不绝地讲述自己的观点，很少注意学生的反应，有的甚至不喜欢听到与自己意见不同的声音。作为辅导员，要以平常心对待学生的"杂音"，以理服人，点到为止，给学生留有思考和表达观点的余地。同时要善于利用三个阵地，即宿舍、社团和网络。进入宿舍，可直接掌握学生的思想、生活和纪律，引导学生正确处理身边的各种疑难问题；进入社团，有利于熟悉学生的兴趣、特长与爱好，从而有针对性地引导学生开展活动；进入网络如微信、QQ、电子邮箱等虚拟空间，建立虚拟团支部和"群"，有利于真实地了解学生的思想动态，也有助于创造良好的师生交流平台。通过进入"三个阵地"，对学生的情况即可有基本全面的了解，从而能正确引导、教育和帮助学生，提高学生工作水平。

三、制度重构

制度重构是高校辅导员实施有效管理的外在保障。制度是为组织目标服务的，因此好的制度体系必然具备随着组织的演进、成员的变化而及时调整的能力。一套好的制度能使员工在工作中有明确的努力方向和一致的价值判断，当他们对制度的遵守成为一种习惯时，就自然形成公司强大的凝聚力和员工积极向上的价值观。管理企业如此，管理学生亦然。辅导员不但要熟练掌握各种相关的文件精神，还应该深入调研，结合所带学生的专业特点和学生的具体实际，用简洁的语言制定出一些有利于学生成长、成才，并被学生广泛接受的简易规章乃至制度，这也是辅导员掌握文件精神的目的和宗旨之一。根据学生工作的规律和特点，把文件精神细化、量化，在实际工作中才能抓实做细，才能切实做到懂政策、重实效，这是保证高校辅导员管理效能顺利实现的重要条件。

（一）建立健全导师制、导生制，为学生成长引路导航

由于学生个体家庭环境和经济状况的差异，学生适应能力的差异也是很大的。辅导员以集中教育、开班会、政治理论学习、团日活动等为主的面上的教育方式，显然缺乏针对

性。因此，建立导师制对于促进学生明确专业目标，合理定位和自我管理具有重要作用。学生的导师主要在专业教师中聘任，每位导师负责学生的指导工作，具体对学生的选课、专业学习进行辅导。随着导师制的建立，学生管理工作可以比较深入地在学生基层，能够全面仔细把握反馈学生的动态、思想和存在问题，充分发挥教师对学生的重要指导作用，加强师生间的互动交流，从而改变了原先辅导员的单线联系、浮光掠影的工作状态，加强了辅导员与课程教师的联系，以促进教学相长，共同保证教学质量和学习效果，这对于深入反馈、客观把握学生状态，并有针对性、主动地开展工作创造了很多条件。

选择导生制是一种真正能兼顾全体学生、以人为本的教育管理组织形式，可以弥补辅导员因客观原因所造成的工作上的不足。导生制是指从高年级、研究生中挑选品学兼优、工作能力强的学生担任班级或年级的导生，导生主要协助辅导员对全体同学进行思想道德、学习、生活和工作等多方位的引导和教育工作。目的是通过建立"以高带低，以老带新"管理机制，有效协助辅导员和任课教师开展学生的教育和管理工作，在师生之间发挥桥梁和纽带作用，同时，也为高年级学生提供全方位工作锻炼平台。高校由于学生人数多，辅导员工作量大，很难顾及每一名学生，又有专业教师距离偏远等客观原因，不可能有更多时间和机会与学生进行沟通、交流和指导。从辅导员、导生的工作特点来看，辅导员工作方式以"面"为主，而导生以"点"为主，使两者相得益彰，共同服务于大学生的教育与管理。

（二）完善日常管理制度，促进学生自我管理

制度上，除了学校、学院及相关部门的规定之外，我们认为可以根据所带学生的情况制定学风、安全、班级事务、纪律、出勤等方面的日常管理制度，如请销假制度、学风联系卡、寝室卫生检查和评比制度、班费管理制度、班会制度、班级职责、学生干部改选制度、班干部考评制度、周末晚点教育制度、学生外出登记制度、白天外出登记制度、周末长期请假制度、周末外出请假制度、晚查房晚熄灯制度、重大活动出席登记制度等，在让学生明确这些准则的内容和意义的同时规范学生管理，促成学生良好习惯的养成，并将这些制度的考核纳入学生年终积分评定过程中去，利用过程性的评价促使学生自觉遵守规章制度，形成学年综合考评的重要依据。同时，通过这些制度，使大学生逐步养成遵守纪律的社会意识，强烈的时间意识和组织观念，形成一种互相督促、共同进步的管理机制。制度的制定要科学合理，在履行制度时，还要注意两方面：

1. 在管理制度上

强调刚性标准，但在操作中注重人性化，把握分寸。大学生违背规章制度，出现问题

行为，大多都是无意识的，或者是约束力不强，心智还不成熟，经不起利益诱惑和别人唆使，有的即使有目的、有计划，甚至是明知故犯，但也很少是本质性问题。因此，在处理学生问题行为时，辅导员要注意主观态度与客观事实，有理、有据、有节地实施教育引导，既要让学生充分认识到问题的严重性，又要适当鼓励，给予学生充分的改进机会。给予适当的反思和改过的空间，不仅能让学生认识到错误的根源和本质，还能提升辅导员的人格魅力，进而影响学生的价值判断和个性养成。

2. 制度的有效执行

为了确保制度实施的公平、公正和公开，制度的实施过程不是管理者的单方面行为，而是一个动态的过程，需要管理者和被管理者之间的良性互动。因此，我们应充分发挥被管理者的主动性，通过有效的系统沟通和案例教育，努力使他们深入了解制度规定及其内涵，以追求被管理者对该制度的实际认可，并在使其"知道"的基础上自觉接受和遵守该制度，最终达到制度的"行"。

这是学生管理制度得到切实有效执行的必然过程。同时，在纪律和规章制度的制定上要充分考虑到学生的特点和应有的权利，使学生切实感到自己的主人翁地位，给予学生参与管理学校事务的机会。例如在大学生特别关注的，如奖学金的评定、三好学生、优秀学生干部的评选等方面，辅导员应切实做好组织宣传工作，保证公平、公正、公开，使工作透明化，才能让学生感受到公平的育人环境。

（三）通过家校联系制度，形成大学生教育合力

成功的教育是离不开家庭教育的。大学生思想的主观性与生活的依赖性在一定程度上与家庭教育有很大的关系，而辅导员工作是否有成效，在很大程度上取决于对学生的了解是否全面深入。辅导员在管理过程中必须跟学生家长保持密切的联系和配合，才能有效掌握学生的思想动态，互相反馈学生信息，实施有针对性、多层次的教育方法。

学生家长都有培养孩子的美好愿望，但自己没有时间和精力来管理自己的孩子，以为进了大学，孩子就进了保险箱。其实，令家长没想到的是，孩子在学校出现问题的根源却往往是家长自己。要想使班级管理取得更大的实效，作为管理者的辅导员，必须通过各种方式加强与家长的沟通与交流，争取家长的这部分外援力量，使他们充分认识到他们在孩子成长过程中的重要作用。首先，辅导员要与家庭双方订下联系制度，内容一般包括双方的联系方式、固定的联系时间和联系内容等。其次，在执行制度的过程中，学校与家庭一定要互相理解和支持，自觉主动地与对方联系，实现学校与家庭以共同培养学生为目标的互动。例如，在寒、暑假来临时，辅导员可以用书信或电子信箱的方式传达学校的发展情况、学生的在校表现、学业成绩等，并提出需要家长共同教育的内容等。加强大学生的教育和管理，这是学校与家庭共同的责任，每位家长有必要与学校、辅导员合作，共同肩负这样的责任。而父母对子女的秉性脾气摸得比较透，教育更有针对性，故学校与家庭"双向合力"能收到比辅导员或家长"单打独斗"更理想的效果。

第三节　高校辅导员工作模式优化的过程与策略

一、提高思想认识，明确工作重点

创新高校辅导员工作首先要从认识上明确高校辅导员的工作职能和地位，才能为辅导员工作提供良好的条件和广阔的空间。

（一）对领导者而言

作为高校的领导者，应该充分认识到高校辅导员队伍是教师队伍和干部队伍的有机组成部分。他们不仅是学生日常事务的管理者，也是学生成长的教育者和服务提供者。只有充分发挥管理、教育、服务职能，才更有利于学生的健康成长和高校的稳定发展，要从理性和战略的高度充分肯定辅导员的政治地位是维护学校安全稳定的重要力量，是加强大学生思想教育的主力军，是引导学生健康成长的人生导师，它是高校一支必不可少的重要队伍。高校辅导员不能被置于"讲重要、做次要、忙不要"的地位。此外，高校领导还应加强舆论引导，关注和关心辅导员的成长，为高校辅导员充分发挥工作职能创造良好的环境。

（二）对高校辅导员而言

作为高校辅导员，要更加认识自身的职能，不能因为工作繁忙而削弱自身的教育和服务职能。要认清各项职能之间的关系，统筹协调，合理安排，有效发挥各项职能的作用。首先，教育职能应是高校辅导员的核心职能。它不仅是解决大学生各种问题的根本点，也是其他职能的立足点。通过对大学生的理想信念、爱国主义、职业道德和人文素质教育，可以触动学生的灵魂，唤醒学生的思想，激发学生的精神，在学生头脑中形成正确的意识。意识的能动作用将引导大学生的行为，逐步解决大学生的诸多问题。其次，管理功能和服务功能的最终目标是实现对学生的教育。在现代意义上，学生管理不再是以管理为目的的管理，而是提倡"管理教育"，即教育理念体现在管理中。高校辅导员通过行使管理职能，使学生形成强烈的法纪意识、规则意识和安全意识。从根本上说，管理职能是实现教育职能的手段。同样，服务功能也不是为学生做一切事情，而是在服务过程中渗透到学生的教育中。无论是心理咨询、扶贫还是就业指导，都是帮助学生树立独立自强的意识，使学生有选择和承受的勇气，有选择和承受的能力，服务功能是教育功能的载体。

二、因事制宜、因材施教，创新工作方法

高校辅导员工作职能具有的特殊内涵，是受高校教育的特殊性所影响的。因此，高校辅导员需要根据特殊情况采用不同的工作方法，不能万事依靠经验，或者一味采用之前辅导员的工作方法，需要做到具体问题具体分析，针对不同学生做到因材施教、因事制宜。

（一）刚性管理和柔性管理相结合，做好学生日常管理工作

"刚性管理"指的是将工作作为核心，要求受管理人员严格遵守规章制度。采用相关的规章制度约束和规范人们的行为，采用监督和奖惩的方式对人们进行管理。该管理的特点就是不讲情面、万事按照规章制度进行。"柔性管理"指的是"以人为中心"，采用价值观相同和文化氛围对受管理者进行管理。该管理的特点是不使用强制性的管理方式，让人们心中能够产生一种自我的说服力，让人们能够自觉规范自己的行为。"刚性管理"和"柔性管理"两者既是矛盾的，又是相通的。在高校学生日常事务管理的过程中，辅导员需要做到刚柔并济，结合应用。

第一，要分情况实施刚性管理和柔性管理，刚性管理适用于学生的行为规范，而柔性管理适用于学生的思想规范。刚性管理的中心是规章制度，采用制度去管理学生在学习中和校园生活中的种种行为，尤其是学校这种庞大、复杂的组织，更需要科学、合理、有效的制度去确保校园的运转。

第二，刚性制度和柔性制度要在特殊的情况下结合使用，要做到刚柔并济，在不破坏刚性制度的同时，对具体的问题进行针对性分析，采用柔中带刚的方法进行管理，在处理学生问题的时候，要在坚守原则的情况下，对学生进行人文关怀。

（二）以"放手"不放任为原则，发挥学生干部的作用

当前高校辅导员的工作内容和工作范围十分繁杂和广泛，高校辅导员无法做到事事亲力亲为，要在管理中学会"放权"给学生，选用能力强的学生作为班干部协助辅导员进行学生的管理。但是"放权"也需要掌握好"度"，也就是在管理学生的过程中，不能过于

"放权"给学生，但是也不能任何事情都过问，要在一定界限中给予班干部处理问题的权力。适度"放权"的关键在于既要敢用干部，又要会用干部。

(三) 问题管理和危机管理相结合，切实做好安全稳定工作

面对当前多元化的思潮冲击，高校既是为我国培养人才的重要基地，也是受到各种思潮影响的场所之一，更是影响社会稳定的关键部分。高校能否稳定、安全、积极，对于学生和教师的学习、生活、工作都有着密切的关系，所以高校的安全稳定也是判定社会稳定的重要依据。在高校的众多工作中，安全稳定工作始终放在第一位，安全稳定工作是高校的"生命线"。然而，高校作为众多学生的聚集地，又非常复杂和特殊，高校的安全稳定工作难度很大。做好安全稳定工作的关键是消除安全隐患，时刻有防范意识，时刻做好防范工作。因此，高校辅导员应能掌握"问题管理"和"危机管理"两种工作方法，这也是马克思主义哲学"质的互变"规律在现实生活中的运用。

(四) 坚持教育贴近生活，增强教育的生动性和感染力

陶行知是我国伟大的教育家，他所倡导的"生活教育"理念实际上就是"生活即教育，社会即学校，教学做合一"。教育贴近生活不仅是一种教育理念，还是一种教育原则，更是一种教育方法。教育贴近生活，所以强调的是将抽象的教育理论和实际的社会生活相互结合，对教育使用生活化的方式、语言和内容，提升教育的感染力和生动性。当代大学生成长在多元文化并存的社会，一味地使用空洞、抽象的教育理论只会让他们产生反感，因此采用贴近生活的教育方式能够增强教育的感染力，让学生能够深入浅出地了解教育的内涵，使学生可以更加容易接受高校的教育。

第一，要始终坚持教育的内容来源于生活。在进行教育的过程中，不仅要做到教育理论内容弘扬主旋律，更要选择与生活息息相关的教学素材作为教育内容，在教育的过程中不能仅仅对学生讲大道理，更要将做人的道理融入教学之中，在潜移默化中影响学生的思想，达到理想的教育效果。高校辅导员更需要对实际生活中的教学素材进行发掘和利用。无论是学生在校园生活出现的学习问题、行为规范问题、情感问题还是就业问题都能够成为辅导员的教育内容。

第二，要始终坚持将教育方法融入生活之中。教育家苏霍姆林斯基（Suhomlinski）曾说：教育是人与人心灵中最微妙的相互接触。他认为教育是思想、心灵、情感、理性之间的沟通和融合，那种只是对学生讲大道理的教学方式只能使学生产生逆反心理。所以，高校辅导员需要对学生的心理状态有清晰的掌握，应用所有可以应用的资源，塑造理想的生

活化教育环境和人文化教育环境，在教育中使用生活化的教学内容和教学素材，让学生在潜移默化中接受教育。

（五）注重实践育人，满足高校人才培养的内在需要

马克思主义哲学的首要观点和基本观点就是"实践"，这也是马克思主义的根本特征。马克思主义认识论阐述了实践对于人类在认识世界、改造世界的过程中起到的重要作用。实践育人的运行规律和理论基础是"马克思主义实践观"。将学生在教学中能够学到的理论知识和间接获得的专业经验作为基础，开展与学生专业发展相关的一系列实践活动，并以此为途径引导学生树立中国特色社会主义理念和爱国主义精神，最终使得大学生能够投身于中华民族伟大复兴的宏伟目标之中。

实践育人的教育方法是高校培养高素质人才的有效方法，是提升大学生专业知识和专业能力不可或缺的重要部分。高校辅导员在进行实践教学的过程中，要时刻注意教学形式不可呆板，要能够将实践育人的教育形式开展得生动活泼、多姿多彩，在良好的教学氛围中培养学生的行为和观念。例如，可以开展唱歌比赛、诗朗诵等活动让学生对于特殊的历史时期有更加深刻的印象；开展体育游戏、艺术节、知识竞赛等活动，培养学生的集体意识和荣誉感，有效地提高学生的文化知识和人文素质；通过勤工俭学、"一元生存体验"等活动，培养学生吃苦耐劳、自力更生的意志品质；通过暑期"三下乡"社会实践和各种公益活动，培养学生关注社会、关心他人的爱心和责任感；通过"任务驱动""项目导向"等教育方式，培养学生自主探索、互动合作的学习能力和创新能力。

实践育人活动能够帮助学生更好地掌握专业的理论知识和实践技能，让学生对于一些社会现象从感性认识上升到理性分析，再通过理性分析进一步得到实践成果，最终帮助学生成为符合国家和社会需求的高素质、综合型人才。

（六）运用"赏识教育"，激发学生进取的内在动力

"赏识"的含义是对别人的才能有正确的认识，并能够及时给予称赞和表扬，最终调动对方的积极性，让对方产生心理和生理上的愉悦感。"赏识教育"又被称为鼓励教育，它的来源是教育学和心理学的理论，需要教师在教育的过程中尊重学生、信任学生、鼓励学生、宽容学生，积极地引导学生的创造力，将"以人为本、以生为本、以育为本"作为出发点，根据学生的心理成熟阶段，对学生给予鼓励、信任、表扬式教育，帮助学生树立自信心，重新发挥自身的潜能，正确认识自己，对于人生观、价值观形成准确的认识。赏识教育允许学生失败、承认学生之间的个体差异，在教育过程中强调发掘学生的优点和潜

能，不断增加学生的闪光点并加以强化，帮助学生树立积极向上的心态，激发学生的内动力，最终实现学生"内因"的逐渐强大，从而让"内因"这个决定性的因素起到促使学生产生"改变自己、超越自己"的作用。因此，当代的大学生十分需要也十分重视教师在教育过程中对自己的教养，在他们的内心之中，教育的赏识可能会成为他们最为强大的精神动力。所以，赏识教育在某种程度上而言是改变学生的教育方式，高校辅导员在教育的过程中，要能够熟练地运用赏识教育，不断挖掘学生的闪光点，对其进行强化，培养学生的自信心，充分发挥出学生的潜能。

赏识教育对于教师与学生之间的互动还有促进作用。高校辅导员一旦对学生产生赏识，就能够让学生产生自信，更有利于学生今后的学习和发展；相对地，学生的良好发展又可以反作用于辅导员，让高校辅导员对工作产生自信，从而使得辅导员更加热爱工作。学生在经过良好的发展之后，会更加信任和喜欢辅导员，从而会积极配合辅导员的工作，维护良好的校园环境。良性的师生互动有利于高校学生自觉、自愿地接受辅导员的教育和引导，从而增强教育的有效性。

总之，高校辅导员要有美学家的眼睛，善于从平凡乃至丑陋中发现美好，还要有哲学家的头脑，能辩证地看待学生及其行为，并得出正确的一分为二的结论，从而在赏识教育中尊重个性，因材施教。

三、与时俱进、转变观念

随着时代的发展、社会的进步和全球化的深入，我国的高等教育在经过一系列的改革和优化之后，已经进入到一个全新的时期。在这个时期，高校辅导员需要对时代的特征有精准的掌握，能够保证自己站在时代的前端，坚持马克思主义思想，追求实事求是、解放思想和开拓进取的精神，在不断地探索之中找到发展的新方向。当前，高校辅导员的工作也面临着许多新的问题，如社会发展需求的变化、高校教育不断发展对于辅导员提出的新要求、当代大学生的复杂性、大学生的发展和就业问题等，这些问题都需要高校辅导员秉持与时俱进的原则去看待和解决。

（一）由事务型向学习型转变

高校辅导员既是教育者，也是学习者、受教育者。因为辅导员需要处理繁杂的学生日常事务，导致辅导员往往没有充足的时间去进行辅导员专业的学习和研究，很可能会导致辅导员无法跟上时代的发展，在工作之中出现力不从心的情况。

学习是提高素质、增长才干的重要途径，也是做好工作、干好事业的重要基础。所以，高校辅导员想要继续保障工作上的优异表现就需要不断进行学习。例如，不断学习和研究教育学、心理学、管理学、社会学等学科，弥补自身理论知识和专业方面的不足。一方面，还需要深入研究与"高校教育"相关的理论知识和实践技能，如学习高校教育发展史、高校教育理念、国家所制定和颁布的有关高校教育改革、优化的政策和制度，深入掌握高校教育的发展趋势和教育内涵，能够在工作中有自己的主见，站在发展的角度看待辅导员工作；另一方面，辅导员还需要积极参与高校所组织的各种企业实践活动，从而将专业知识与实践结合起来，以便给予学生更加全面和有针对性的建议；最后，辅导员还需要不断充实自己，要能够利用闲暇时间涉猎其他学科的知识，如历史、文学、互联网等学科。

此外，高校辅导员在学习的过程中还需要秉持两个学习理念——"终身学习"和"学习工作化、工作学习化"。终身学习理念已经在全球范围内得到教育者的广泛应用，这种学习理念与当前的社会需求十分契合，学习已经成为每一个人日常生活中的一部分。伴随社会的发展、时代的进步，全球化经济的逐渐深入，使得学生的认知水平也在不断提升，这就要求高校辅导员必须不断学习、研究，以满足学生日新月异的认知需求，要能够在教育活动之中不断注入新鲜的内容，让学生能够感受到学习的乐趣。高校辅导员要秉持"活到老，学到老"的精神，使学习成为自己的一种习惯，不断提升自己的综合素质和专业能力；学习工作化、工作学习化指的是高校辅导员在繁忙的工作之中也不能忘记学习，但是也不能因为学习而忽略了工作，要使二者能够相辅相成、和谐统一。当前已经进入知识经济时代，如果辅导员只知道工作而忽略了学习，只能是不断循环重复地工作、按部就班地完成教育目标。但是如果太过重视学习而脱离了工作，那学习也只能是空洞地研究，无法结合实际。所以，高校辅导员需要将学习当成工作，把学习和工作放在同样的位置上，正确认识到学习是为了能够更好地开展工作。辅导员需要将工作看成一种学习，将工作作为一项课题研究，将两者有机结合在一起才能够做到"学中干，干中学"，才能够不断提升自身的能力。

（二）由经验型向研究型转变

以往的传统辅导员在工作时是以经验为依据，这种工作方式固然有可取之处，但是并不是所有的经验都是科学的，也无法适应新的教育需求。当代的高校辅导员面临着学校的德育工作存在着社会价值多元化和学校德育工作一元化之间的矛盾，新时期媒体的多种传播方式与德育呆板的传播方法之间存在巨大差距。所以，高校辅导员在新时期需要将上述的矛盾和差距进行妥善处理，运用科学、合理、有效的手段缩小时代发展带来的差距。高校辅导员要能够满足运用科学的管理方式和现代的教育思想处理工作中出现的种种问题，并对相关问题展开研究，要能够找到问题的根源，找到解决问题的方法，在工作之中不断总结和研究，最终得到研究成果，提升自身的专业水平和综合能力。另外，高校辅导员在研究相关问题的同时也能够提升自身的能力，更是高校辅导员专业化、职业化发展的重要途径。

（三）由封闭型向开放型转变

以往的传统辅导员会将自己所管理的班级看成一个固定的单元，从而把学生管理在一定的范围之内，使得学生与社会之间存在着一道高墙，将学生与社会隔离开，同时也将自己与学生在潜意识之中分割开来。但是现代高校教育经过不断发展和改革，是不存在围墙的开放式高校，学生在高校之中也不仅局限于校园生活，学生的思想、行为不再只受到高校教育的影响，他们与社会之间存在着紧密的联系，同时学生也渴望与社会进行更加频繁的交互。伴随全球经济化的深入，社会信息化水平越来越高，传统的封闭式教育已不能满足现代大学教育的需要。因此，高校辅导员需要跟上时代发展的步伐，勇于突破传统观念的束缚。一方面，要把学生教育扩大到全社会，充分发挥家庭和社会的教育功能，增强教育的力量，而不是一个人"孤军奋战"；另一方面，要适当突破与学生的界限，多做学生的倾听者和关爱者，树立平等互助的德育理念，这也是赢得学生热爱、获得工作成就感的重要途径。

（四）由职业型向事业型转变

"职业"指的是人们为了生存在社会中所从事的工作，其主要目的是获得生活所需的必需品。"事业"指的是人们从事有具体目的、一定规模和形成系统，并且对社会发展有意义的经常性活动，事业的重点在于人们对于所从事活动的价值和意义有强烈的认同感。"职业"的成就感往往来源于物质层面，而"事业"的成就感则主要来源于精神层面。高校辅导员是大学生在校园生活中的引导人、教育者和平等交流的朋友，不仅是大学生的人生导师，更是引导大学生走向社会的关键。所以，高校辅导员的工作并不只是一种职业，更是一项伟大的事业。高校辅导员只有将自己的身份从职业转变成事业，才能够在工作中不断发展，找到工作激情，并且正确认识自身的价值。

参考文献

［1］ 赵艳芳. 新时代高校辅导员思想政治教育理论与实践探析［M］. 北京：光明日报出版社，2023.

［2］ 罗强. 新时代高校辅导员职业能力提升研究［M］. 北京：民族出版社，2023.

［3］ 陈平. 高校辅导员知与行［M］. 北京：中国林业出版社，2023.

［4］ 高洁. 辅导员开展心理健康教育理论与实践［M］. 西安：西安交通大学出版社，2023.

［5］ 袁蕾. 做好辅导员很简单：专业化必修八课［M］. 杭州：浙江大学出版社，2023.

［6］ 刘博. 高校辅导员专业化指南［M］. 武汉：华中科学技术大学出版社，2023.

［7］ 周超. 实践智慧新时代：高校辅导员职业生涯的发展进阶［M］. 广州：中山大学出版社，2023.

［8］ 张晶. 高校辅导员工作实践与人才队伍建设研究［M］. 长春：吉林出版集团股份有限公司，2022.

［9］ 朱敏. 高校辅导员工作理论与实践［M］. 北京：中国原子能出版社，2022.

［10］ 姚威. 地方高校辅导员工作理论与实践［M］. 郑州：黄河水利出版社，2022.

［11］ 简敏. 守正与创新：高校辅导员"六点工作法"［M］. 长春：吉林大学出版社，2022.

［12］ 刘洪超，王涛. 新时代高校思想政治教育研究丛书：新时代高校辅导员职业能力建设研究［M］. 西安：陕西师范大学出版总社，2022.

［13］ 陈梦莹. 辅导员工作实践与探索［M］. 长春：吉林大学出版社，2021.

［14］ 叶苗苗，饶先发. 高校辅导员学生工作实践手册［M］. 南昌：百花洲文艺出版社，2021.

［15］ 张成龙. 新时代高校辅导员工作室建设的探索与实践［M］. 北京：地质出版社，2021.

［16］ 刘丽娟. 深入高校探析辅导员工作课程化建设［M］. 北京：北京工业大学出版社，2021.

[17] 于满，孙硕. 新时代高校辅导员学术科研之路［M］. 北京：北京理工大学出版社，2021.

[18] 余子牛. 高校辅导员工作实践与创新研究［M］. 长春：吉林出版集团股份有限公司，2020.

[19] 邱明浩. 新媒体时代辅导员工作实践与创新［M］. 沈阳：辽宁大学出版社，2020.

[20] 张伽伽. 大学辅导员工作的实践探索［M］. 长春：吉林出版集团股份有限公司，2020.

[21] 何林建. 高校辅导员工作实战指南［M］. 上海：上海交通大学出版社，2020.

[22] 吴云志. 高校辅导员工作绩效评价体系研究［M］. 长春：吉林人民出版社，2020.

[23] 夏吉莉. 高校辅导员核心职业能力研究［M］. 昆明：云南大学出版社，2020.

[24] 周涛. 新时代高校辅导员价值引领功能探索［M］. 上海：同济大学出版社，2020.

[25] 徐贵宝. 新生辅导员工作实践与思考［M］. 北京：北京理工大学出版社，2019.

[26] 王浩明. 高校辅导员工作理论与实践范例［M］. 延吉：延边大学出版社，2019.

[27] 魏俊玲，刘佳，杨静菲. 高校辅导员工作课程化建设的实践与研究［M］. 北京：中国纺织出版社，2019.

[28] 王焕红. 高校辅导员的工作与专业化发展［M］. 北京：中国财富出版社，2019.

[29] 朱丹，饶先发，王伟江. 新时代高校辅导员工作室建设指导手册［M］. 昆明：云南大学出版社，2019.

[30] 吴本荣. 辅导员能力素质提升指南［M］. 南昌：江西高校出版社，2019.